LE CAPITAINE LAMBERT.

LAGNY. — IMP. DE GIROUX ET VIALAT.

LE CAPITAINE
LAMBERT

PAR

CHARLES RABOU.

PARIS,
DUMONT, ÉDITEUR,
PALAIS-ROYAL, 88, AU SALON LITTÉRAIRE.

1842.

I.

Suivant le privilège de magique locomotion dont les romanciers sont en possession dans le monde, qu'ils créent de leurs mains, nous allons précéder M. de Freneuse dans la chambre de Cousinot, et là, pour un moment, nous montrerons à nos lecteurs ce bon et honnête capitaine Lambert, avec lequel, à leur gré peut-être, ils n'ont eu jusqu'ici que de trop rares occasions de se rencontrer.

Toutefois, le moment n'est pas encore venu pour lui d'occuper la scène en premier plan, et d'y jouer ce rôle important qui, plus tard, justifiera sans doute l'honneur qu'on lui a fait de prendre son nom pour servir de titre à cette histoire. Dans le moment, on comprendra que son départ de Paris est nécessaire, et que, pour la sûreté du dépôt confié à ses soins, il doit se hâter de retourner à Mantes, où, d'ailleurs, le rappellent toutes les habitudes de la tranquille existence un moment échangées à la voix de l'amitié contre l'assez désagréable dépaysement de *la vie de l'étranger* à Paris.

Du reste, sa présence, quoique peu marquée dans notre récit, sera loin d'avoir été stérile, puisque, par la très opportune production des titres confiés à sa garde, il aura mis Cousinot à même de produire la grande scène d'intérieur à laquelle nous avons assisté à l'hôtel Chabourot; un autre résultat fut encore obtenu par lui. Etant allé rendre une visite à son ancien colonel, auprès duquel il jouissait d'une assez grande estime, il parvint à obtenir, en faveur de l'aide-major, la remise d'une portion de la rude punition qui lui avait été infligée. Ainsi donc, au moment de reprendre la route de son ermitage, il a la satisfaction de laisser Cousinot rendu à la liberté, et en mesure, par conséquent, de vaquer sans gêne aucune, à toutes les occurrences de la grave entreprise dans laquelle, malgré les plus chaudes représentations, il déclare persister.

Les deux amis venaient à peine de se séparer, lorsque le domestique de l'hôtel vint prévenir l'aide-major qu'un monsieur était là, demandant à parler à un officier de santé qui devait, lui avait-on dit, loger dans la maison. Cousinot, qui ne se savait point alors de créanciers pressants, n'avait aucune raison de ne point voir si cette visite s'adressait effectivement à lui, et il ordonna que l'on fît entrer.

Le premier sentiment qu'il éprouva à l'aspect inattendu de M. de Freneuse, ne fut ni celui de la crainte ni même absolument celui de l'étonnement, mais son amour-propre fut quelque peu froissé par l'embarras de recevoir un homme éminemment élégant dans une espèce de taudis pauvrement meublé, où les débris du déjeûner qu'il venait de faire avec le capitaine avaient créé un désordre aussi peu réjouissant pour la vue que pour l'odorat. Il y a un certain instinct qui vous porte, quand vous vous trouvez en présence d'une personne que vous pouvez supposer animée pour vous de mauvais vouloir, à vous présenter devant elle avec tous vos avantages et sans laisser prise par quelque côté que ce soit à autoriser ses dédains. Cette susceptibilité du quant à soi est une pensée si constamment éveillée, que la complication des plus sérieuses préoccupations ne suffit pas pour en distraire : c'est ainsi qu'on fait une espèce de toilette pour aller se battre en duel, et qu'on serait désespéré, quelque malheur arrivant, que le chirurgien chargé de vous donner des soins vous surprît avec du linge mal blanc ou déchiré.

Cousinot s'empressa donc de son mieux à donner à son appartement une tournure un peu plus présentable; il fit enlever tous les reliefs de la victuaille qui encombraient la moitié des meubles, ouvrit la fenêtre pour renouveler l'air, et ayant enfin offert un siège à M. de Freneuse, se disposa, avec les manières les plus dignes qu'il pût se procurer, à apprendre l'objet de sa visite.

— Vous me reconnaissez peut-être, Monsieur, dit M. de Freneuse, pour avoir eu l'honneur de passer l'autre semaine une soirée avec vous chez madame de Chabourot?

— Parfaitement, Monsieur, répondit l'aide-major, vous êtes monsieur de Freneuse.

— C'est bien cela, repartit l'hôte de Cousinot. Vous eûtes, Monsieur, ce jour-là, ajouta-t-il, une longue conversation particulière avec la baronne?

— Comme vous avez pu le voir, répondit l'officier de santé.

— Dans cette conversation, vous prîtes la peine de vous occuper d'un mariage que vous vouliez faire agréer à madame de Chabourot pour sa fille.

— D'où pouvez-vous savoir cela, demanda

l'aide-major, si, comme vous le disiez tout à l'heure, ma conversation fut particulière?

— De madame de Chabourot elle-même.

— Quoi! madame de Chabourot vous a dit...

— Que vous étiez venu, interrompit M. de Freneuse, au nom d'une personne qu'elle n'a pas nommée, lui offrir un parti pour sa fille.

— D'où vous concluez?... demanda alors l'aide-major.

— Je ne conclus pas, reprit M. de Freneuse, j'ajoute seulement que la parole dont vous étiez porteur tombait mal avec une situation que madame de Chabourot s'est empressée de vous expliquer. J'ai demandé la main de mademoiselle de Chabourot; depuis quelque temps elle m'était accordée et par ses parents et par elle-même, vous auriez donc pu comprendre que votre démarche était tardive, et ne pas insister.

— Un mariage, tant qu'il n'est pas fait, peut se défaire, repartit assez brutalement Cousinot.

— L'évènement, reprit M. de Freneuse, viendrait assez à l'appui de votre théorie, car, quelques jours plus tard, et dans une occasion solennelle, une grave atteinte fut portée à des droits que je pouvais regarder comme acquis; M. de Chabourot retira sa parole, et mon mariage fut au moins ajourné.

— Je crois que vous pouvez dire manqué, reprit Cousinot.

— Manqué, soit, fit M. de Freneuse, mais M. de Chabourot passe pour n'avoir pas pris spontanément sa résolution, et si je devais croire, comme j'y suis autorisé, que vous ayez pu la lui inspirer, j'aurais quelque curiosité de savoir au juste le procédé de persuasion dont vous vous êtes servi.

— Diable, dit l'aide-major, vous en demandez long ; tout ce que je puis vous dire, c'est que j'ai donné à M. de Chabourot des raisons qu'il a trouvées sans réplique, et auxquelles il était impossible qu'il ne se rendît pas.

— Il est au moins étrange que ces raisons si péremptoires soient encore ignorées de madame Chabourot, et tout à l'heure, en ma présence, elle s'étonnait de leur influence, sans toutefois se les imaginer.

— Ah ! elle ne se les imagine pas, fit ironiquement l'aide-major ; alors vous venez de sa part aux renseignements ?

— De la mienne, Monsieur, repartit fièrement M. de Freneuse.

— Désolé de ne pouvoir mieux vous dire, mais vous demandez là un secret qui n'est pas le mien.

— Ainsi, Monsieur, dit M. de Freneuse, vous avouez expressément vous être entremis pour faire rompre mon mariage avec mademoiselle de Chabourot, et vous pensez ne me devoir aucune explication?

— Que je vous en doive ou non, fit Cousinot, comme il m'est physiquement et moralement défendu de vous en donner, cela revient absolument au même.

— Prenez garde, Monsieur, que madame de Chabourot soupçonne avec moi des manœuvres peu loyales de votre part.

— Vous vous trompez, fit Cousinot, et quant à madame de Chabourot, elle en a menti.

— Vous ne pensez pas, sans doute, qu'une simple dénégation, quelque énergiquement d'ailleurs que vous la formuliez, puisse suffire à me persuader?

— Croyez-moi ou ne me croyez pas, cela vous regarde, fit Cousinot.

— Mais cela vous regarde aussi un peu, répondit M. de Freneuse.

— J'en accepte l'augure, repartit l'aide-major, qui ne savait pas bien au juste le sens de cette phrase, à laquelle la situation donnait, au reste, toute la signification nécessaire pour qu'elle fût comprise.

— C'est votre dernier mot ? demanda M. de Freneuse en se levant.

— Je ne surfais jamais, répondit Cousinot en parodiant la formule stéréotypée des marchands.

— J'aurai donc l'honneur de vous envoyer tout à l'heure deux de mes amis avec lesquels vous serez peut-être plus explicite.

— A vos souhaits! repartit l'officier de santé paraissant avoir pour ces sortes d'occasions une série de locutions toutes faites et détournées à plaisir de leur véritable acception.

— Pardon, Monsieur, dit M. de Freneuse, qui avait déjà fait quelques pas pour sortir, oserai-je vous demander votre nom?

Cousinot le regarda pour voir s'il se moquait de lui.

— Je parle sérieusement, dit alors M. de Freneuse, et n'ai aucune intention de vous désobliger, votre nom n'a pas été prononcé, que je sache, chez madame de Chabourot.

— Au fait, c'est possible, repartit l'aide-major, et je vous crois un homme de trop bon ton pour vous permettre une sotte plaisanterie : je m'appelle Cousinot.

— Au revoir donc, monsieur Cousinot, fit M. de Freneuse, et pour témoigner par cette politesse de la sincérité de son ignorance, il présenta à l'aide-major une main qui fut reçue et serrée d'une manière significative; après quoi il sortit.

II.

Dès le soir, toutes les dispositions relatives à une rencontre pour le lendemain avaient été réglées, car il y avait à cette affaire cette simplification qu'elle était parfaitement *in-arrangeable* et quelle n'admettait point le zèl e conciliateur des témoins. M. de Freneuse voulait une explication, Cousinot la refusait par la raison la plus excellente qui se pût imaginer, à savoir qu'il lui était impossible de la donner; la question ainsi posée carrément ne pouvait être déplacée d'aucune manière. L'aide-major ayant d'abord prévenu ses seconds qu'eux-mêmes ne seraient pas plus que les autres initiés au mystère de son procédé avec M. de Freneuse, sur quoi auraient porté les essais de s'entendre et de se rapprocher? Du moment que, par les bons soins de madame de Chabourot, les deux adversaires avaient été mis en présence, le résultat, attendu leur position respective, était prévu et inévitable; restait maintenant la question de savoir si la chance tournerait selon ses vœux. Dans tous les cas la chère dame ne croyait pas courir grand risque; voilà, e effet, le très simple raisonnement qu'elle s'é-

tait fait: « C'est un dernier coup, s'était-elle
« dit, que je me donne à jouer. D'abord il
« est possible, qu'intimidé par M. de Fre-
« neuse, notre homme renonce à ses préten-
« tions; s'il persiste, et qu'une lutte s'en suive
« entre eux, toutes les probabilités sont en
« faveur du champion que je me donne, car
« c'est un homme plein de sang-froid et
« d'une adresse éprouvée. Vienne, au con-
« traire, le misérable à avoir le dessus, alors
« ce sera pour moi comme un jugement de
« Dieu m'avertissant que je dois cesser toute
« résistance violente, et ne plus procéder
« avec lui que par voie d'arrangement.» Là
dessus elle avait imprimé le mouvement à
M. de Freneuse qui, heureux de trouver où
passer sa colère, avait suivi avec une facilité merveilleuse. Cependant on va voir que
dans cette honorable combinaison était caché
un autre péril dont se serait facilement avisé

un esprit moins entier et moins prévenu en faveur de ses conceptions que ne l'était madame de Chabourot.

Durant la soirée de ce jour, elle était seule avec sa fille, rêveuse et se demandant à elle-même ce qu'il pouvait être arrivé de sa diplomatie meurtrière de la matinée quand justement un homme à lui en donner des nouvelles, Cousinot, se fit annoncer.

Elle ordonna aussitôt à Thésèse de se retirer, et attendit avec une curiosité assez inquiète le résultat de l'entrevue qu'elle allait avoir avec le personnage.

Il venait de dîner chez son colonel, l'usage étant lors de la visite qu'au lever des arrêts l'officier doit au supérieur qui les lui a infligés que celui-ci lui fasse cette politesse; le dîner avait été passable, et loin d'être en proie à la préoccupation qu'il serait permis de supposer, notre officier de santé était plutôt en pointe de gaîté. Voyant que mademoiselle de Chabourot s'éloignait à son arrivée :

— Ah ! ah ! dit-il, il paraît que je fais peur aux demoiselles.

— J'ai pensé, répondit la baronne avec gravité, que vous pouviez avoir quelque chose de particulier à me dire et que nous serions mieux seuls pour causer.

— Il est de fait que pour du particulier, je puis me flatter d'avoir à vous en conter ; j'ai vu votre homme ce matin.

— Mon homme ! fit madame de Chabourot ne comprenant pas ou en faisant le semblant.

— Oui, la personne que vous m'avez détachée, M. de Freneuse, quoi !

— Si M. de Freneuse est allé chez vous, ce qui n'aurait rien d'absolument extraordinaire, je vous prie de croire qu'il a fait cette démarche de son propre mouvement et sans aucune excitation de ma part.

— Ah! sans doute, fit l'aide-major, incapable! vous m'êtes si attachée.

— Nous n'avons pas sans doute beaucoup à nous louer de vos procédés; mais de là à vouloir vous créer une rivalité sanglante...

— Non, c'est pas ça; l'histoire de me faire peur seulement; et puis je comprends: on a deux gendres pour une seule fille, c'est embarrassant; alors on donne l'un des deux à tuer à l'autre: qui de deux paie un, reste un; comme dit l'arithmétique.

— Mon Dieu! fit alors madame de Chabourot, jouant l'épouvante, mais au fond désirant savoir au juste jusqu'à quel point son rôle d'agent provocateur avait réussi; est-ce qu'une explication d'une nature inquiétante aurait eu lieu entre vous et M. de Freneuse?

— Inquiétante, non, dit Cousinot, nous nous sommes très bien entendus: nous nous battons demain.

— Vous vous battez demain ! Au fait, ajouta comme par réflexion la baronne, c'était un résultat facile à prévoir ; un homme de l'âge de M. de Freneuse dont on vient bouleverser la position...

— Évidemment, repartit l'aide-major, et sa démarche ne m'a pas étonné ; mais votre jeu, voyez-vous, n'était pas de la hâter, cette démarche ; votre jeu était de vous entremettre pour qu'elle n'eût pas lieu.

— Encore une fois, Monsieur, vous nous prêtez une conduite qui n'a pu être la nôtre.

— Ne discutons pas là dessus, fit Cousinot, je sais ce que m'a dit M. de Freneuse, c'est par vous qu'il a connu la part que j'avais eue à la rupture de son mariage.

— Mais, Monsieur, nous lui devions compte d'un changement de résolution qui était fort blessant pour son amour-propre, il fallait bien lui donner une raison.

— Très bien de lui dire que je mettais opposition à ce qu'il épousât, mais lui laisser entendre que j'ai fait une saleté en disant du mal de lui, c'en est un autre, Madame, il est bon que vous le sachiez.

— Brisons là, Monsieur, dit alors la baronne un peu émue de ce ton de corps de garde, vous voulez vous en prendre à nous d'un évènement qui était dans les conséquences à peu près inévitables de votre façon d'agir, libre à vous de penser ce que vous voudrez.

— Oui, mais libre aussi à moi de faire comme je l'entends et vous n'en êtes pas où vous pensez. D'abord je ne suis pas mort, et il n'est pas du tout prouvé que votre M. de Freneuse doive me manger tout cru ; et puis quand je devrais y passer, ce serait plutôt tant pis pour vous.

Madame de Chabourot le regarda fixement en l'entendant ainsi parler, car il y avait dans ses paroles une menace dont elle aurait voulu pénétrer le sens ; Cousinot reprit :

— J'ai toujours oublié de vous dire, d'abord parce que nous nous sommes peu vus, et ensuite parce que nous avons parlé de choses plus intéressantes, qu'avant de m'embarquer avec vous j'avais pris une petite précaution.

— On ne saurait jamais blâmer personne d'en agir ainsi, répondit la baronne qui ne voulait point paraître attacher de l'importance à cette officieuse confidence.

— Voulant mettre en lieu sûr, continua Cousinot, les papiers importants qui m'unissaient à vous, j'ai prié une personne de me les garder, en sorte que vous auriez parfaitement perdu votre temps à essayer de les soutirer de mes mains.

— Je ne sache pas, Monsieur, fit la baronne avec dignité, que vous vous soyez aperçu d'aucune intention pareille.

— C'est vrai, je suis de bon compte ; je conviens que vous n'avez pas voulu me faire voler ; mais vous avez eu une autre idée assez aimable, celle de me faire assassiner...

— Monsieur ! dit la baronne, que le mot révolta.

— Ah ! en douceur, reprit Cousinot, par un beau monsieur à gants blancs, qui aura l'air de faire ses affaires en faisant les vôtres.

— Enfin, pour conclure à ce persiflage exécrable...

— Pour conclure ! reprit Cousinot ; moi qui ne voulais pas de ces manières-là, j'avais eu l'idée de vous avertir que le jour où je viendrais, par vos bons offices, à être *escoffié*, les papiers dont je suis propriétaire seraient déposés au parquet de M. le procureur du roi ; ça m'est sorti de la tête. Vous avez été de l'avant. Eh bien ! vous êtes maintenant exposée, si je venais à être tué demain, à voir la justice saisie d'une affaire que, jusqu'à présent, vous avez autant aimé lui laisser ignorer.

— Mais, Monsieur, cela est infâme, s'écria la baronne, que ce coup trouvait complétement désarmée, vouloir nous rendre responsables d'un fait auquel nous sommes tout à fait étrangers !

— Parbleu ! Madame, fit Cousinot, moi. qui serai mort, je perdrai encore plus que vous à ce qui arrivera.

— Et notre honneur, Monsieur, et notre nom flétri ; et cette pauvre enfant dont vous parliez de faire votre femme, dont l'avenir sera à jamais perdu ! Ah ! vous ne pouvez avoir la pensée d'une pareille cruauté.

— Voilà, fit alors Cousinot, vous voulez jouer tout le monde, on se défend ; vous êtes incorrigible ; l'autre jour la leçon était déjà bonne, au lieu d'en profiter, vous m'organisez un duel ; moi je l'ai accepté, parce que un duel, c'est comme un billet à ordre, et il n'y a qu'un esprit mal fait pour le refuser ; seulement j'ai voulu être sûr que vous ne m'oublieriez pas dans vos prières, et que vous ne ririez pas trop si j'étais descendu.

On en était là d'une conversation qui ne laissait pas, on en conviendra, d'être intéressante, lorsque M. de Chabourot vint à rentrer ; voyant sa femme éperdue et en larmes, il demanda le sujet de cette vive émotion ; Cousinot le lui ayant volontiers expliqué, aux reproches dont, fort qu'il était d'ailleurs de la présence d'un tiers, le baron se mit à accabler la dame, il parut clairement pour l'aide-major que le pauvre homme n'avait pas trempé dans le complot, sa destinée étant d'avoir le contrecoup de toutes les déplorables habiletés auxquelles sa chère moitié avait comme une fureur de se livrer.

A ce quart d'heure on put juger qu'un peu de noblesse de cœur est bien plus à priser que les ressources de l'esprit et la richesse de l'intelligence : tandis que la baronne, engagée dans ses propres rouenes, était là avec tout son génie abaissée devant la puissance d'un imprévu qui la laissait à la merci du plus effrayant avenir, son mari, homme simple et dont on trouvait si facilement le fond, avisa un moyen honorable de pourvoir au danger qui le menaçait.

— En s'adressant à vous, dit-il à Cousinot, M. de Freneuse, trompé par de faux renseignements, s'est tout à fait mépris, c'est moi qui ai retiré ma parole, moi qui lui ai fait l'affront dont il veut avoir satisfaction, c'est donc à moi de me rencontrer avec lui.

— Du tout, du tout, fit Cousinot, il y a déjà assez de barbouillage dans cette histoire sans que vous veniez encore y ajouter de nouveaux ornements. D'ailleurs rien qu'à cause de votre âge M. de Freneuse ne voudrait pas avoir affaire à vous.

— Raison de plus pour qu'il s'entremette à empêcher ce duel en proposant d'y prendre votre place, repartit la baronne, saisie tout à coup d'un immense désir de conciliation.

— De manière, dit Cousinot, qu'on raconte demain dans tout Paris que j'ai envoyé monsieur pour accommoder la chose et que M. de Freneuse m'a fait reculer. Merci !

— On ne dira rien de pareil, fit le baron, il est clair que c'est à moi de marcher.

— Il est clair, il est clair, repartit Cousinot, que tout est convenu avec l'autre, qu'il compte sur moi comme moi sur lui, et que vous n'avez rien à voir dans tout ça.

— Je n'en vais pas moins de ce pas trouver votre adversaire, dit le baron se mettant en devoir de sortir.

— C'est-à-dire que vous ne bougerez pas d'ici, s'écria Cousinot en le retenant : cependant, continua-t-il, je suis sensible à votre procédé, une bonne manière d'agir en vaut une autre ; et voyez-vous, madame la baronne, à cause de ce que votre mari vient de faire, je retire ma proposition : que M. de Freneuse ait du dessus ou du dessous, ça n'empirera rien à vos affaires. Si je suis tué, bonsoir, votre péché vous est pardonné, et je vais donner des ordres pour que votre secret meure avec moi ; si c'est M. de Freneuse, ça ne sera jamais qu'un gendre de moins ; si ce n'est ni l'un ni l'autre, eh bien, nous nous retrouverons tous sur nos pieds ; on se débattra, on s'arrangera : mais plus de tricherie, je vous en prie, parce que, voyez-vous, comme dit mon pauvre père, auquel par parenthèse il faut que j'écrive un mot tout à l'heure, on se trompe quand on dit que c'est la Défiance, c'est la Franchise qui est mère de sûreté.

Un pas de plus, et Cousinot, par la parole comme par l'action, va s'élever à des hauteurs d'héroïsme qui détruiront toute l'économie de son personnage. Il est donc grandement temps de mettre fin au combat de générosité qui s'est élevé entre lui et le vieux gentilhomme et de le faire sortir. Nous ne terminerons pas néanmoins ce chapitre sans constater qu'insensiblement notre aide-major gagne du terrain, et qu'au moyen de ce qui vient de se passer, à tous les avantages qu'il avait déjà sur les Chabourot, il vient de joindre celui d'un procédé excellent ; aussi, au moment de se séparer de lui, le baron, du fond du cœur et madame de Chabourot au moins du masque et des lèvres, se montrèrent-ils touchés et émus. Quant à lui, en les quittant, après avoir été passer une heure avec madame Bouvard, il s'en fut faire un tour à l'estaminet de la rue de la Montagne-Ste-Geneviève où, à part de lui, tout en jouant le domino, il eut la superstitieuse faiblesse d'interroger l'avenir au moyen d'une combinaison des nombres marqués sur l'ivoire et dans laquelle il convint avec lui-même de lire l'événement du lendemain; l'épreuve lui ayant été défavorable, il se traita de sot et de visionnaire et se dit qu'il n'y avait aucun rapport appréciable entre le pistolet de M. de Freneuse et le *double six*. Tout cela l'ayant mené aux environs de minuit, il rentra à son hôtel garni, écrivit à son père pour lui faire ses adieux conditionnels, écrivit une autre lettre adressée au capitaine Lambert, et portant ordre, en cas d'une fâcheuse issue, de jeter au feu les papiers qu'il détenait. Tous ces soins pris, il se mit au lit et ne tarda pas à s'endormir de ce même sommeil dont les historiens d'Alexandre et du grand Condé font si fort honneur à leur héros la veille des batailles d'Arbelles et de Rocroi. Quant à nous, nous n'hésitons pas à placer fort au dessus des deux autres, le fait contemporain de l'officier de santé, car enfin la bataille se donnait positivement à son compte, il devait réellement et naturellement y payer de sa personne, et sa vie était expressément l'un des deux enjeux. Mais, malgré nos réclamations, les vieux errements ne s'en poursuivront pas moins, on continuera à parler, d'après Quinte-Curce, du sommeil d'Alexandre; d'après Bossuet, de celui du grand Condé;

tandis que, d'après nous, personne ne s'avisera de mentionner dans l'avenir, le sommeil, cependant non moins remarquable de l'aide-major Cousinot.

III.

Au moment où M. de Chabourot, entrant chez sa femme, avait été salué par elle de la révélation de sa dernière et sanglante équipée, il apportait de son côté une nouvelle d'une nature infiniment plus satisfaisante, mais dont, au milieu de la scène assez animée que nous venons de rapporter, il n'avait naturellement pas trouvé le placement.

Son ambition de relations extérieures, comme l'appelait sa femme, allait être satisfaite. Le directeur du personnel au ministère des affaires étrangères, dînant avec lui chez un de leurs amis communs, venait de lui confier qu'un mouvement se préparait dans le personnel des ambassadeurs, et que, par suite de ce mouvement, il serait très prochainement appelé au poste de ministre plénipotentiaire à Francfort.

Habituellement madame de Chabourot traitait gaîment les prétentions diplomatiques de son mari ; mais quand il lui annonça sa future promotion, elle dut reconnaître avec lui que l'honorable expatriation à laquelle il avait sollicité d'être condamné était peut-être le remède le plus efficace qu'ils pussent trouver aux difficultés de leur position.

En effet, quitter Paris et la France était un moyen naturel de soustraire aux malicieux regards de la curiosité publique la plaie de leur existence qui, d'abord intime et secrète, avait commencé depuis peu à revêtir les symptômes extérieurs les plus inquiétants. Il y avait, en outre, à considérer qu'à l'étranger, en supposant que l'obsession de leur fâcheux persécuteur les y accompagnât, un notable dégrèvement néanmoins s'opérerait sur elle par le changement du milieu dans lequel ils vivraient, puisque, dans un pays, où ni lui ni eux ne seraient connus, il leur serait facile de ménager à l'accointance roturière de Cousinot une transition et une vraisemblance qui lui ôteraient tout d'abord ce qu'elle avait de plus compromettant et de plus dur à leur amour-propre.

Néanmoins, si quelque parti sérieux et utile était à tirer de cette favorable occurrence, ce n'est pas au milieu de ses absorbantes préoccupations du moment qu'il pouvait être donné à madame de Chabourot de l'en extraire : les forces de son attention étaient ailleurs, et le danger immédiat qui la menaçait lui formait une trop cruelle distraction.

Elle ne se le dissimulait pas, en effet. Quoique l'aide-major eût généreusement promis de mourir sans vengeance, il pouvait facilement arriver, au moment suprême, qu'il se ravisât et qu'il donnât à sa mort les conséquences posthumes qui étaient à sa disposition, et, on pouvait presque le dire, dans son droit. Jusqu'au moment donc où elle le verrait revenu sain et sauf de l'imprudente épreuve qu'elle lui avait ménagée, la malencontreuse provocatrice se sentait à la merci de son ressentiment et de son indiscrétion, en sorte que, par un arrangement bizarre, elle se voyait obligée de lui transporter les vœux et la sollicitude qu'elle avait d'abord réservés pour son adversaire.

Cette dure et singulière nécessité, après avoir agité son sommeil, continua de l'occuper le lendemain dès son réveil, et à mesure qu'approchait l'heure où l'évènement devait disposer de l'un ou de l'autre des combattants, sa mortelle inquiétude ne fit que s'aigrir et s'accroître.

Pour comble de malheur, M. de Freneuse, n'aimant pas à déranger ses habitudes, n'avait pas voulu que la rencontre eût lieu avant l'heure ordinaire de son lever, et onze heures déjà étaient passées, sans qu'on eût aucune nouvelle du résultat.

Enfin, sur les midi, comme la baronne, dans une impatiente anxiété qu'on aurait pu prendre pour celle d'une mère ou d'une sœur, se tenait derrière le vitrage d'une fenêtre donnant sur la cour de son hôtel, afin d'aviser quelques minutes plus tôt les nouvelles qui lui arriveraient, elle vit s'arrêter à la porte de la rue un fiacre d'où descendirent deux hommes, qu'à leur tournure militaire et à leurs moustaches elle dut prendre pour les seconds qui avaient assisté Cousinot. Ne le voyant pas paraître, elle fut saisie d'un violent battement de cœur et fut sur le point de s'évanouir. Néanmoins, elle eut assez d'empire sur elle-même pour ne point tomber en faiblesse, et ayant continué de regarder, elle s'aperçut que les deux étrangers parlementaient avec le concierge, mettant même à leur conversation une assez grande animation.

Ce singulier colloque ne finissant pas, elle se retourna vers M. de Chabourot, qui, assis au coin de la cheminée, s'occupait plus tranquillement peut-être que ne le comportait la situation à lire son journal, et lui dit :

— Je pense que les témoins de M. Cousinot sont en bas ; ils ont avec Antoine je ne sais quelle interminable discussion ; allez donc voir un peu de quoi il s'agit, car je me meurs d'impatience d'être renseignée.

Etant aussitôt sorti sur le perron, M. de Chabourot appela son concierge et lui demanda à qui il en avait.

— Ce sont, répondit celui qu'il interrogeait, deux messieurs que je ne connais pas ; ils ont dans cette voiture un blessé qui leur a indiqué son adresse ici pour y loger. Monsieur ne m'ayant pas donné d'ordre pour faire de sa maison un hôpital, je ne veux pas les laisser entrer.

Il faut croire que le cher Cousinot n'était pas atteint bien gravement, puisqu'il avait eu la présence d'esprit de se faire de son mauvais cas une occasion pour s'introduire dans la maison où il avait constamment montré la volonté de s'installer ; à moins toutefois que, frappé à mort, il n'eût voulu se ménager la vengeance d'offrir à la baronne le spectacle effrayant de son agonie.

Ces deux probabilités traversèrent rapidement la pensée de M. de Chabourot, qui, pour savoir à quoi s'en tenir, prit le parti d'aller jusqu'à la voiture et de s'expliquer lui-même avec les étrangers.

— Nous arrivons, dit l'un d'eux, du bois de Vincennes, où M. Cousinot, que vous connaissez sans doute, vient d'être touché dans une rencontre. Il nous avait dit avant le combat que, s'il était blessé, nous eussions à le mener chez M. le baron de Chabourot, rue de Varennes. C'est bien ici, je pense. Cependant le concierge prétend que nous nous trompons et veut nous renvoyer.

— Est-ce qu'il est gravement atteint? demanda le baron avant toute chose et allant au fait qui l'intéressait.

— Une simple balle dans le gras du bras droit, qui n'a, à ce que dit notre ami lui-même, offensé aucune partie essentielle, mais qui l'a empêché de continuer le combat.

— Et son adversaire? continua M. de Chabourot.

— Rien, puisque du premier coup qu'il a tiré, Cousinot a été atteint.

— Permettez, reprit alors le premier interlocuteur, vous vous occupez là, Monsieur, à recueillir des nouvelles; mais notre ami, qui a perdu beaucoup de sang, s'est évanoui depuis une dixaine de minutes; il lui faut donc de prompts secours; ainsi, voyez si Cousinot n'est pas aussi inconnu ici que le dit cet honnête concierge et, si vous avez le crédit de le faire admettre, veuillez vous décider, autrement nous allons filer sur l'hôpital du Gros-Caillou.

— Quand même vous vous seriez mal adressés, Messieurs, répondit noblement le baron, qui d'ailleurs, de cette manière, esquivait l'aveu explicite de sa relation intime avec l'aide-major, il suffirait qu'un homme fût à ma porte, blessé, pour que je ne lui refusasse pas des soins nécessaires à son état. Faites donc entrer la voiture, je vais appeler mes gens pour qu'on le transporte dans un appartement.

Alors, de sa fenêtre, où elle continuait d'observer dans la plus douloureuse attente tout ce qui se passait, madame de Chrbourot vit que le fiacre s'approchait jusqu'au bas du perron ; aidé de deux domestiques, les seconds de Cousinot le tirèrent pâle, sanglant et inanimé de la voiture, et commencèrent à le monter vers le logement que M. de Chabourot avait désigné; elle ne douta pas alors qu'il ne fût mort, et si elle n'eut pas au malheur dont elle se croyait la cause, le regret qu'on aurait dû attendre d'elle, elle eut au moins des évènements qui devaient suivre assez d'effroi et d'émotion pour lui tenir lieu de la torture d'un remords.

Un médecin du voisinage ayant été appelé, mit aussitôt le premier appareil sur la blessure qu'il jugea, comme Cousinot lui-même, d'une très médiocre gravité. Ce pansement opéré et le malade une fois couché dans un lit bien bassiné, il reprit complètement connaissance, et voyant M. de Chabourot à ses côtés :

— Ah! ah! dit-il, me voilà encore de ce monde, et chez de bons amis dont les excellents soins m'auront bientôt remis sur pied. Ce M. de Freneuse tire juste, et je crois qu'il a mis de la bonne grâce à ne pas me viser à la tête ; car il ne lui en coûtait pas plus de m'y planter une balle, si bon lui eût semblé.

— Je vous engage à peu parler, dit alors le confrère de l'aide-major, et à laisser en paix des souvenirs qui pourraient vous donner de l'émotion.

— Bah! reprit le blessé, je me trouve à merveille, et autant causer de ça que d'autre chose.

— Oui, mais il n'est nullement nécessaire que vous causiez d'autre chose ou de ça, dit alors un des témoins de l'aide-major. Vous voici, comme vous le disiez tout à l'heure, en bonnes mains; nous allons donc vous laisser et nous reviendrons prochainement vous voir.

— C'est juste, dit Cousinot, vous avez vos affaires et je n'ai plus besoin de votre assistance ; mais à bientôt.

— Aujourd'hui même nous viendrons prendre de vos nouvelles, répondirent ses camarades, et ils sortirent.

Le médecin ayant laissé les prescriptions nécessaires et voyant une garde installée auprès du malade en fit autant, en sorte qu'il ne resta plus auprès du blessé que M. de Chabourot.

— Ah ça, fit alors Cousinot à voix basse et tandis que la garde tracassait dans la chambre, vous allez me trouver un peu sans gêne de venir ainsi descendre chez vous. Mais, ma foi, comme j'ai l'intention de donner ma démission le plus tôt possible, je n'ai pas voulu la dater d'un hôpital militaire, et puis il faut en finir, et puisque d'un moment à l'autre je devais venir m'établir ici, j'ai pensé que si je revenais de ce duel, l'occasion serait bonne, et ma foi me voilà.

— Vous avez bien fait, repartit le baron sans mettre toutefois une grande chaleur à cette approbation.

— Hum! repartit l'aide-major, j'aurais peut-être fait quelque chose de plus agréable à vous et à cette bonne madame de Chabourot, en m'en allant tout droit dans l'autre monde, car vous étiez alors débarrassé de moi.

— Vous nous supposez, répondit M. de Chabourot, des sentiments d'inhumanité qui ne sont point les nôtres. Croyez que ma femme a eu du regret à ce qu'un premier mouvement lui a conseillé; déjà nos rapports avec vous ont commencé à se mettre sur un pied meilleur ; vous entendrez la raison, j'espère, et puis nous sommes à la veille de quelque changement dans notre existence qui arrangera peut-être bien des choses.

Cousinot n'eut pas le temps de demander l'explication de ces paroles, car un domestique vint dire au baron que madame lui faisait dire de se rendre auprès d'elle.

Dans le fait, la pauvre dame, qui n'avait eu encore aucune explication de tout ce qui se passait dans sa maison, et qui avait appris seulement que Cousinot était bien vivant, avait peut-être un peu le droit de se montrer curieuse d'être plus complètement mise au fait. Ayant donc demandé au blessé s'il n'avait besoin de rien, sur sa réponse négative, M. de Chabourot le quitta pour satisfaire au mandat de comparution qui lui était signifié.

Resté seule, notre digne ami Cousinot se mit à songer.

<small>Car, que faire en un *lit* à moins que l'on ne songe.</small>

Il récapitula toutes les pases par lesquelles avait déjà passé la lutte dans laquelle il était engagé, et, quelle que fût sa modestie naturelle, il ne put s'empêcher de reconnaître que, jusque là, s'il avait manœuvré avec bonheur, il avait aussi manœuvré avec habileté. Ses progrès, au milieu des différents obstacles dont sa route avait été semée, n'en restaient pas moins incontestables, et le lieu même où il se voyait en ce moment, suffisait à lui en donner la mesure. Maintenant que ferait-il ?

Il continuerait à suivre la ligne ferme et modérée dans laquelle il avait marché. Suivant le programme précédemment formulé par lui, il s'offrirait à mademoiselle de Chabourot comme le successeur, l'ayant droit et le continuateur de Charles Villeneuve; au moyen de ses séductions personnelles, de la grande connaissance qu'il se supposait du cœur des femmes, et de l'habileté qu'il aurait de s'insinuer d'abord auprès de la jeune fille en lui parlant du défunt chéri dont personne ne lui donnait la consolation de l'entretenir, il espérait arriver dans un temps assez prochain à se faire passablement venir d'elle. Il est vrai de dire aussi qu'il se sentait la ressource, à un certain moment, dont l'opportunité lui serait indiquée par les circonstances, de compléter l'entraînement de sa fascination en faisant à sa future une confidence mesurée des raisons qu'elle avait, ainsi que les autres membres de la famille, pour ne pas l'éconduire trop rudement; mais c'était là une extrémité à laquelle, suivant son instinct de passer les choses *en douceur*, il ne devait se décider qu'autant que l'empressement de ses soins et la recommandation de son mérite se trouveraient décidément sans influence ; supposition qu'il admettait assez difficilement.

Quant au reste de son avenir, il se déduisait tout seul de ce premier succès obtenu. En mademoiselle de Chabourot était implicitement comprise une dot. Or, substituant à la raison de *sans dot*, dont il est tiré dans l'*Avare* de Molière un parti si concluant, la raison non moins étourdissante d'*avec une dot* :

Avec une dot ! se disait l'heureux aide-major, j'aurai une maison tenue sur un bon pied, où je pourrai noblement recevoir mes amis.

Avec une dot ! j'aurai chevaux, équipages, loge à l'Opéra, maison de campagne our la saison d'été, à moins que je n'aime mieux la passer à quelque établissement thermal, ou aux bains de mer, ou en Suisse, ou en Italie.

Avec une dot! continuait ce dormeur éveillé, serai-je exclusivement occupé de ma femme qui se trouvera, alliance assez rare, une des beautés de Paris? Hum! c'est selon, et cela dépendra beaucoup d'elle : si elle sait me captiver, me retenir, à la bonne heure! mais si, blasé sur les enivrements de sa possession, mon cœur venait à se fatiguer d'elle!...

Avec sa dot! j'aurais bientôt fait de lui trouver une ou plusieurs suppléantes qui, à leur tour, seront suppléées par d'autres, de telle sorte que ma vie ne soit qu'une chaîne non interrompue de plaisirs et de folles amours.

Avec une dot! ajoutait-il, ceci était un menu détail rétrospectif, mais qui témoignait du bon cœur et de la loyauté de notre rêveur, je paierai ce que je dois à madame Bouvard et je lui ferai cadeau de quelque somme pour donner de l'extension à son établissement.

Puis, reprenant son essor, sa pensée remontait aux plus étourdissantes visions.

Avec une dot! si l'ambition vient à s'emparer de moi, je me ferai nommer membre de la représentation nationale ; je serai ; — peut-être, — un très éminent orateur et deviendrai directeur général, ministre, ambassadeur, et décoré de plusieurs ordres français et étrangers.

Avec une dot! je puis, si je l'aime mieux, me jeter dans la haute philantropie, fonder, inspecter ou administrer quelque établissement de bienfaisance ; m'occuper de la propagation de la vaccine, de souscriptions au profit des Grecs ; couronner des rosières et encourager l'usage de la gélatine de Darcet, appliquée à la nourriture des classes souffrantes et laborieuses, après toutefois que l'Académie des sciences aura achevé de décider si ladite gélatine contient quelque principe nutritif et si ceux auxquels on l'administre sont simplement gommés à l'intérieur ou réellement alimentés.

Avec une dot!... allait continuer cet infatigable explorateur du plus brillant avenir, quand la femme qui le gardait lui apporta une tasse d'une infusion que le médecin avait prescrite. Cousinot la porta à ses lèvres, en prit une gorgée dans la bouche, mais la rejetant aussitôt : Que me donnez vous là, malheureuse, s'écria-t-il, avez-vous mission de m'empoisonner?

La vérité est que la bouillotte dans laquelle avait chauffé l'eau, ayant été mal rincée, lui avait communiqué un goût détestable, mais sans qu'aucune intention eût préparé cette malencontre, qui ne pouvait d'ailleurs avoir sur la santé de l'aide-major aucune influence fâcheuse ; mais dans la position assez étrange qu'il s'était ménagée, ayant, par surprise et presque violemment, envahi le domicile des Chabourot, il se trouvait en ce moment à leur discrétion, et la mesure de ce que pouvait oser le ressentiment de la baronne lui avait déjà été donnée. Il ne douta pas alors que, sur sa promesse de ne pas donner suite à sa mort, si elle arrivait par le fait de son duel, on ne se fût arrangé de manière à rendre sa blessure mortelle et à continuer dans sa tisane ce qu'avait commencé le pistolet de M. de Freneuse. — Dites à M. de Chabourot que je veux lui parler, s'écria-t-il d'une voix terrible ; puis, comme la garde lui faisait observer que le docteur lui avait recommandé le calme et qu'il s'émouvait plus que de raison : — Veux-tu aller le chercher, fit-il d'un accent plus animé encore, vieille sorcière, ou je me lève et j'y vais moi-même, après t'avoir traitée comme tu le mérites.

La pauvre femme épouvantée s'imagina qu'il était pris d'un transport au cerveau, et, au lieu de sortir comme elle en recevait l'ordre, elle se mit à tirer violemment tous les cordons de sonnette pour appeler du secours, se gardant bien d'ailleurs de le quitter, de peur qu'il ne se jetât par la fenêtre ou n'attentât à ses jours en quelqu'autre manière. Voyant dans cette conduite la suite bien marquée du complot qu'il soupçonnait, Cousinot supposa que l'infirmière donnait le signal à des assassins apostés, et se précipitant hors de son lit, il courut s'armer de la pelle à feu qu'il brandissait de la main gauche, son bras droit étant en écharpe et engagé dans l'appareil posé sur sa blessure. A la vue de ces symptômes, selon elle non équivoques d'un accès de fièvre chaude, la pauvre femme, de plus en plus épouvantée, se précipita vers la porte qu'elle ouvrit en appelant à l'aide de toutes ses forces ; heureusement, un renfort puissant lui arrivait. M. de Chabourot, accompagné de la baronne, accourait au bruit des sonnettes qui avaient retenti dans toute la maison, pensant qu'il devait se passer quelque chose d'extraordinaire dans la chambre du blessé, et ne voulant pas laisser aux domestiques le soin de le démêler. Voyant qu'à son aspect de quasi-nature la baronne s'était enfuie, et que le baron n'avait pu se tenir de rire, l'aide-major conclut que ses jours n'étaient pas aussi menacés qu'il avait cru, et se réintégrant dans son lit, il parut prêt à entrer en explication.

V.

— A qui en avez-vous donc? demanda M. de Chabourot à l'aide-major aussitôt que celui-ci se fut replacé dans une position à pouvoir l'écouter.

— Faites retirer cette femme, dit Cousinot d'un ton d'autorité.

Cette intimation, malgré les réclamations de la garde-malade, ayant été exécutée : — Priez, continua-t-il, madame la baronne de vouloir bien m'honorer de sa présence. Vous le voyez, je suis calme et dans une tenue décente et à ne pas effaroucher sa pudeur.

M. de Chabourot appela sa femme, et la porte ayant été refermée sur elle : — Prenez cette théière, reprit l'aide-major, remplissez cette tasse, et faites-moi le plaisir de l'offrir à madame.

— Vous battez la campagne, mon cher ami, repartit le baron, cette fantaisie n'est pas d'un homme dans son bon sens.

— Au contraire, fit Cousinot, je sais très bien ce que je fais; versez à madame, versez!

Le baron ne se pressant pas d'exécuter son ordre : — Ah! ah! s'écria-t-il, je savais bien que vous ne voudriez pas tâter de cette boisson du diable ; c'est pour moi seul qu'elle était préparée.

— Vous êtes fou, mon cher Monsieur, répliqua la baronne, et la fièvre vous fait déraisonner. Et en même temps, ayant versé dans une tasse du contenu de la théière, elle en avala deux ou trois gorgées.

— Cette tisane, dit-elle alors, a un goût effroyable ; mais d'où vient qu'un habile docteur comme vous n'a pas reconnu la saveur de l'assa-fœtida? On en a ordonné ces jours passés à ma femme de chambre pour des vapeurs, et votre sotte garde-malade aura pris à la cuisine une cafetière ayant servi à préparer cette drogue.

— C'est-à-dire que les domestiques, aussi bienveillants que les maîtres, se seront amusés à cette ignoble attrape, fit Cousinot, qui voulait absolument qu'on eût un tort envers lui.

— Je ne crois pas, repartit la baronne, que personne se soit permis rien de pareil, au reste, je le saurai, et s'il se trouve un coupable, il sera aussitôt chassé.

— Ah ça, se mit à dire le baron, qui rejoignait un peu tardivement la pensée que Cousinot avait cependant assez clairement exprimée, vous croyez donc, mon cher, que nous avons voulu vous empoisonner?

— Pourquoi pas? vous y avez la main.

— Eh bien! vous tombez bien d'avoir des idées aussi bêtes, quand nous venons à vous, pleins des meilleures intentions.

— C'est justement de bonnes intentions et de langues de femmes, répondit galamment Cousinot, que l'enfer est pavé.

— Allons, vous êtes un méchant esprit, reprit le baron, et puisqu'il en est ainsi, vous ne saurez rien.

— A propos, tout à l'heure, en me quittant,

vous m'aviez parlé de quelque chose qui se détraquait dans votre existence ; eh bien ! de quoi s'agit-il ?

— Comment, quelque chose qui se détraquait, dites donc quelque chose qui s'arrange dans mon existence. Tel que vous me voyez, d'ici à deux ou trois jours, je serai nommé ministre plénipotentiaire à Francfort.

— Je vous en félicite, dit Cousinot, mais qu'est-ce que ça me fait à moi ?

— Ah ! ça ne vous fait rien, repartit le baron d'un air capable, c'est différent, n'en parlons plus.

— Mais certainement que ça ne peut rien me faire, que diable voulez-vous que ça me fasse ?

— Très bien, mon cher, reprit M. de Chabourot d'un air plus capable encore, je vous croyais autrement fort que cela.

Pendant ce débat assez ridicule, madame

de Chabourot se tenait assise, la tête appuyée sur sa main, dans l'attitude d'une personne qui prend un médiocre souci de la conversation *environnante*, et qui cause avec elle-même plus volontiers.

— Monsieur Cousinot, fit-elle tout d'un coup comme venant apporter la lumière dans la question qui s'agitait, voulez-vous me prêter un moment d'attention?

— Vous êtes toujours bonne à entendre, répondit l'aide-major, car je ne connais pas de langue mieux dorée que la vôtre, c'est dommage qu'il faille s'en garer.

— Vous ai-je trompé jusqu'à présent? repartit la baronne. La première fois que j'eus l'honneur de vous voir, ai-je fait quelque promesse, ai-je enfin essayé de vous donner à croire entre nous à des rapports bienveillants?

— C'est vrai, repartit Cousinot après un

moment de réflexion, vous m'avez traité assez cavalièrement, et, ce matin encore, j'ai eu la preuve d'une assez mauvaise disposition pour moi.

— Ce qui est arrivé ce matin, repartit madame de Chabour ne prouve en aucune manière ma duplicité; si j'avais pu faire moi-même ce qu'un autre a fait, croyez que je n'y aurais pas manqué.

— Vous êtes franche au moins, fit l'aide-major en riant.

— Oui, Monsieur, en toutes choses, repartit la baronne, franche en mes inimitiés, franche en mes démarches, franche aussi dans ma bienveillance quand je crois la devoir à quelqu'un.

— C'est un nanan dont vous ne m'avez toujours pas fait goûter encore, repartit l'officier de santé continuant de plaisanter.

— C'est cependant sur le pied de relations

meilleures que je prétends traiter à l'avenir avec vous. Votre généreux procédé d'hier soir, Monsieur, ne m'a pas trouvée insensible, et dès ce moment, je me suis regardée moins comme votre ennemie que comme votre obligée.

La flatterie est certainement de tous les pièges le plus grossier, toutefois au moment précis où on se le signale à soi-même, jusqu'à un certain point on s'y laisse prendre : ainsi fit notre Cousinot, qui ne put s'empêcher d'être accessible aux gracieuses paroles que lui adressa la baronne ; aussi répondit-il avec cette modestie que ne manque jamais de montrer l'homme qui se sent rendre justice:

— Je n'ai pas un grand mérite à ce que j'ai fait. Quel bénéfice aurais-je trouvé à me venger après ma mort ?

— La vengeance en tout temps est une bonne chose, répondit la baronne, et je vous sais un gré infini de m'avoir sacrifié la vôtre, mais, encore une fois, vous n'avez pas eu affaire à des ingrats. Les circonstances nous permettent aujourd'hui de vous témoigner notre reconnaissance, et mon mari est là pour vous le dire ; j'ai été la première à lui parler d'un plan qui doit cimenter une bonne et solide paix.

— Voyons un peu cela, dit Cousinot.

— Dans le peu d'empressement, reprit madame de Chabourot, que nous avons pu montrer à vous donner accès dans notre famille, la considération de votre personne était assurément l'une des choses qui nous préoccupaient le moins. Il n'y a rien qui ne soit avenant dans votre extérieur, vous avez de l'instruction, de l'esprit, de la bravoure...

— Dites donc, dites donc, Mame la baronne, fit Cousinot en interrompant, tâchez donc un peu à ne pas vous moquer des gens.

Mais cette parole n'était pas prononcée de mauvaise humeur, et elle était plutôt une protestation modeste qu'une riposte faite sérieusement.

— Je ne me moque pas, reprit la baronne saisissant bien cette nuance, et pour mieux attester la sincérité de ses éloges en les tempérant d'un peu de critique : on a bien à vous reprocher, continua-t-elle, quelque laisser-aller dans les manières, et peut-être l'allure guerrière se marque-t-elle en vous plus qu'il ne faudrait; mais il est si facile de modifier cette surface par un peu de vernis de salon, qu'en vérité ce ne pouvait être là une raison de vouloir vous éconduire.

— Donc, enfin ! dit Cousinot hâtant la conclusion et comme prenant plaisir à justifier le reproche qui lui était adressé.

— La grande difficulté de votre alliance, c'était la disparité de nos positions sociales.

Si étranger que l'on soit à d'antiques préjugés, on doit toujours compte à l'opinion de certaines déterminations. Non seulement on se serait étonné que ma fille, destinée, selon toutes les apparences, à un riche mariage, épousât un homme placé dans une sphère aussi différente de la sienne, mais je vais plus loin ; il y avait là justement de quoi éveiller les soupçons que nous avons tant à cœur de détourner.

— Hum ! raison bien tirée, fit Cousinot. Le vrai, c'est que vous êtes des aristocrates qui ne voudriez pas donner votre fille à un homme de rien.

— Quoi qu'il en soit, repartit la baronne, la nomination de M. de Chabourot aplanit bien des obstacles. D'abord, à l'étranger nous n'avons plus à craindre le bavardage de ces salons dont Bonaparte lui-même se préoccupait, et nous serons plus maîtres de faire à notre guise; ensuite, les emplois diplomatiques constituent une sorte d'aristocratie qui supplée fort bien à celle du nom et de la naissance; on s'y forme d'ailleurs merveilleusement vite à la fine politesse et aux habitudes du monde; en sorte que je ne désespère pas de faire bientôt de vous un homme à présenter à ses amis et à ses ennemis.

— Mais, dites donc, fit l'officier de santé, ce n'est pas moi qui suis nommé ministre plénipotentiaire; c'est M. de Chabourot...

— Sans doute, reprit la baronne, mais vous parliez l'autre jour de devenir son secrétaire *in partibus*. M. de Chabourot a maintenant un sérieux besoin de quelqu'un ; il vous emmène donc; de cette façon, naturellement, sans donner lieu à aucun commentaire, vous voilà des nôtres. Bientôt après, on vous fait nommer *attaché*, puis secrétaire de légation ; pendant ce temps, nos projets d'alliance mûrissent, et enfin, sans que personne puisse s'en étonner, pour peu que Thérèse n'y montre pas trop de répugnance, vous devenez notre gendre : il me semble que c'est là tout concilier.

— Voyons, voyons un peu, dit alors Cousinot, est-ce que vous ne me servez pas là un plat de votre métier?

— Que voulez-vous dire par là? demanda la baronne.

— A l'étranger, si je vous laisse partir, la justice du pays n'ayant pas d'empire sur vous, est-ce que vous vous soucierez encore des papiers par lesquels je me recommande auprès de vous?

— Oui, certes, fit la baronne, et nous sommes plus que jamais vos humbles esclaves, car ce n'est plus seulement notre considération sociale que vous pouvez nous faire perdre, ce n'est plus seulement nos intérêts de fortune que vous pouvez gravement léser, vous pouvez encore aujourd'hui, par une dénonciation qui nous atteindrait en tout pays, nous déposséder d'une position que M. de Chabourot a passionnément désirée.

— Il ne s'agit pas d'ailleurs, dit alors le baron intervenant, de voir les choses à ce point de vue; quand on veut faire des affaires ensemble, il faut pourtant un peu de confiance. Si nos bons procédés vous paraissent des pièges, alors ne parlons plus de rien, égorgez-nous tout de suite, qu'on sache au moins à quoi s'en tenir.

— Écoutez donc, fit Cousinot, il n'y a pas si longtemps que nous sommes bons amis pour que je ne réfléchisse pas un peu à vos propositions !

— Vous avez raison, dit madame de Chabourot, il n'y a de bons arrangements que ceux qui n'ont pas été arrêtés à la légère, mais si vous ne voulez pas prendre créance à de meilleures dispositions de notre part, considérez au moins que votre influence est plus que jamais forte et entière ; vous pouvez encore nous faire tout le mal dont vous nous menaciez déjà, plus l'immense douleur que vous créeriez à M. de Chabourot, en l'arrêtant dans sa nouvelle carrière.

— C'est peut-être vrai ce que vous me dites là, repartit Cousinot.

— C'est mieux que vrai, répondit la baronne, c'est mathématique. Du reste, il ne s'agit pas pour vous de prendre un parti immédiat. M. de Chabourot n'a pas encore reçu sa nomination, vous avez donc tout le temps de vous décider.

— Ah ça ! mais d'ici là, fit l'aide-major, on ne me jouera pas de mauvais tours, car, je vous en préviens, c'est seulement pour le cas où j'aurais été tué sur place, que j'avais ordonné la destruction des titres. Si je venais maintenant à mourir entre vos mains, gare à la révélation !

— Mais encore une fois, fit le baron avec vivacité, laissez-nous donc en paix avec vos idées d'empoisonnement, vous êtes ici parce que vous l'avez voulu ; voulez-vous partir ? Vous n'êtes pas si malade qu'on ne puisse vous transporter à votre domicile, vous n'avez qu'à parler.

Le baron, comme on voit, sortait de son caractère et commençait à prendre les choses d'une vigueur inaccoutumée. C'est que le sentiment de sa prochaine élévation lui avait communiqué un certain orgueil de lui-même ; c'est qu'il s'indignait surtout à la pensée que les défiances de l'aide-major pussent menacer son avenir diplomatique.

— Non, tisane à part, je me trouve parfaitement bien ici, repartit Cousinot ; mais c'était un simple avis que je voulais donner à madame la baronne.

— Vous ne me comprenez pas, mon cher monsieur, fit celle-ci sans s'émouvoir de cette nouvelle dureté, et je vois bien que le temps seul me fera apprécier de vous. Mais c'est assez, nous ne vous avons déjà que trop fatigué par cette longue et grave conversation. Songez d'abord à vous guérir, nous reparlerons de tout cela.

Ayant ainsi conclu, elle se leva, et, suivie de son mari, sortit de l'appartement.

VI.

Deux jours s'écoulèrent sans que Cousinot s'expliquât sur les propositions qui lui avaient été faites et sans qu'aucune sommation lui fût adressée à ce sujet, la nomination de M. Chabourot n'ayant pas été réalisée, et rien par conséquent n'exigeant qu'il donnât une solution ; toutefois, durant ce temps, il prit un parti assez décisif en envoyant la démission de son grade au ministre de la guerre, ce qui était positivement brûler ses vaisseaux.

Dans la matinée du troisième jour, M. de Chabourot reçut l'avis officiel de sa nomination auquel était joint l'ordre de se rendre à son poste dans le plus bref délai ; force était donc à l'officier de santé, qui d'ailleurs avait eu le temps de faire ses réflexions, de dire la détermination à laquelle il s'arrêtait.

Deux conditions furent alors mises par lui à son acceptation. Il ne voulait accompagner M. de Chabourot que revêtu d'un titre officiel, et de plus, exigeait que madame de Chabourot pressentît sa fille sur le projet de mariage qui devait se réaliser dans un temps plus ou moins éloigné ; on voit que le soupçonneux jeune homme était difficile à duper et qu'il s'étudiait à prendre ses sûretés.

Il était aisé de lui donner satisfaction sur la première de ces exigences, M. de Chabourot pouvant facilement obtenir pour lui le titre d'attaché à la légation : quant à la seconde, elle était cruelle à l'amour-propre et au cœur de sa future belle-mère ; aussi la baronne y fit-elle beaucoup d'objections. Etait-il prudent de venir ainsi jeter à la tête d'une pauvre enfant, remise à peine de l'émotion qu'avait dû lui causer la rupture de son mariage avec M. de Freneuse, la proposition d'une autre union avec une personne qui lui était à peine connue ? Une résistance assez naturelle ne devait-elle pas être la conséquence probable d'une si brusque interpellation; et Cousinot n'aurait-il pas plus de chances de se faire agréer en commençant par rendre à sa fiancée des soins sous une forme moins expresse? L'aide-major fut d'un avis tout différent; il prétendit que si monsieur et madame de Chabourot étaient de bonne foi, ils devaient faire cause commune avec lui pour préparer le dénouement qu'ils lui laissaient dès ce moment espérer. Le premier mouvement de la jeune fille supposé en sa faveur, toutes les difficultés de prime abord seraient aplanies. Si au contraire elle montrait quelque répugnance, rien ne serait perdu; pour cela l'usage modéré de l'autorité paternelle joint aux propres efforts de son soupirant devant, ce semble, amener mademoiselle de Chabourot à donner un peu plus tard le consentement que l'on attendait d'elle. Du reste, Cousinot continuait de protester contre toute arrière-pensée de pousser les choses à la violence, et si Thérèse, au bout d'un certain temps d'épreuve, montrait une décisive répugnance à l'accepter pour mari, il promettait solennellement de faire retraite et de se contenter d'une position honorable qui lui serait ménagée par le crédit de ceux dont il n'aurait pu devenir le gendre : on voit que ce terrible homme restait dans les termes précis qu'il avait dès le principe assignés à la négociation, mais il allait au fond des choses, ne voulait pas être leurré et ne cédait pas une ligne de terrain.

A la fin, madame de Chabourot, se fiant sur l'inévitable froideur que sa fille ne pouvait manquer de montrer pour un homme de la tournure et des façons de Cousinot, consentit à en passer par ses conditions, et le jour même où M. de Chabourot obtint l'agrément ministériel, pour donner à sa suite, une position qualifiée à ce diplomate de nouvelle espèce, il fut convenu qu'en la présence de l'intéressé, car il voulait être sûr que l'on jouerait franc jeu, la baronne ferait à sa fille la proposition de l'accepter pour mari.

A beaucoup d'égards, cette scène ressemble à celle où Néron, *caché près de ces lieux*, force Junie à congédier Britannicus. Quoique l'économie matérielle de la situation soit différente, le fonds en est le même, c'est dans l'un et l'autre cas un tyran qui, plus ou moins présent à cette torture, condamne sa victime à ménager habilement un résultat maudit, et à mentir par sa parole à toutes ses pensées et à tous ses désirs; aussi nous garderons-nous bien de refaire bourgeoisement après l'héroïque antériorité qu'a sur nous Racine, une scène si fortement accentuée et si facilement reconnaissable. Il nous suffira de dire en gros, qu'obligée de justifier la substitution de Cousinot à M. de Freneuse, la baronne donna une vague explication de cette préférence par des engagements anciens, que M. de Chabourot dans l'émigration aurait contractés avec le père de l'aide-major et dont celui-ci serait venu tout à coup demander l'exécution. Mais ce qui donne à cette combinaison dramatique bien de l'inattendu et bien de la jeunesse, c'est que, mentant à toutes les espérances qu'on avait placées dans sa résistance, mademoiselle de Chabourot se montra d'une inexprimable docilité à recevoir le prodigieux époux qui lui était infligé !

En voyant cette désespérante résignation, madame de Chabourot faillit se jeter dans quelque nouvel excès, se demandant si cet homme était donc quelque personnage infernal, pour qu'il lui fût donné de prévaloir ainsi contre elle en toute circonstance, et pour que la nature même des choses parût ainsi consentir à s'abdiquer à son profit? Quant à Cousinot, s'il n'avait pas compté sur une aussi facile victoire, il faut dire cependant qu'il n'en fut pas surpris outre mesure ; il pensa en lui-même qu'il produisait son effet accoutumé de fascination et qu'on lui tenait compte d'une lutte soutenue en champ-clos et où son sang avait coulé ; peu s'en fallut alors qu'entonnant le cantique d'actions de grâces par lequel César des *Rendez-vous bourgeois* célèbre son impertinent bonheur, il ne s'écriât :

Fortune (bis)
Tu fais trop pour moi.

A tout le moins il se crut obligé de protester de l'enivrement sans bornes où le jetait tant de bonté et d'indulgence ; il parla des devoirs que créait à sa conscience d'honnête homme, ce naïf et loyal abandon, jura qu'il rendrait heureuse la jeune fille qui se livrait à lui d'un dévouement si peu marchandé ; bref, il fut parfaitement ridicule, car la dignité qui est difficile, ce n'est pas, comme on le pense généralement, celle du malheur; subir le bonheur avec grâce, voilà où échoue le commun des hommes et où se montre le triomphe de la bonne éducation.

VII.

Ne calomnions personne, ne calomnions pas surtout la généreuse abnégation et le vertueux dévouement. Ne laissons pas croire que par un de ces ignobles égarements auxquels le libre arbitre féminin tombe parfois en proie, mademoiselle de Chabourot, cette belle et plaintive créature que nous nous serions reprochés de faire plus souvent apparaître au sein de cette atmosphère de crime dans laquelle est obligée de cheminer notre narration, eût éprouvé pour l'homme dont elle acceptait la recherche, quelque sympathique entraînement. Douée d'un esprit sérieux et observateur, dès longtemps la jeune fille, à de certaines manières délibérées de Leduc, à de certaines paroles échangées entre sa mère et cet homme, quand ils venaient à se mal entendre, avait eu le vague sentiment d'une fatalité mystérieuse suspendue sur l'avenir de sa maison. C'était peut-être à une sorte d'instinct lui disant que son union avec Charles Villeneuve conjurerait cette fatalité, qu'avait tenu l'affectueuse inclination qu'elle avait montrée pour ce jeune homme qui, d'ailleurs, par ses avantages extérieurs et par la beauté de son âme, justifiait le regard bienveillant qu'elle avait laissé tomber sur son amour. Plus tard, quand il eut été banni, et quand Leduc se fut retiré *sur le mont Aventin*, elle avait plus que jamais craint et pressenti; et aussitôt que, reprenant la suite de l'influence éteinte en la personne du vieux domestique, Cousinot avait commencé à poindre à l'horizon toujours nébuleux de l'hôtel Chabourot, elle avait comme odoré en lui le dangereux continuateur du secret qu'elle soupçonnait.

Ces précédents connus, on se représente facilement l'effet qu'avaient produit sur la pauvre enfant les paroles prononcées par son père, au milieu de l'émotion où l'avait jeté la scène de la rupture avec M. de Freneuse. « D'autres sacrifices, avait-il dit, seront peut-être nécessaires. » Envisageant dès ce moment le plus triste avenir, elle n'avait certes pas pu croire la destinée de sa famille affranchie et rassérénée, témoin qu'elle avait été des étranges évènements dont depuis quelques jours le domicile paternel était le théâtre. Le duel de Cousinot avec M. de Freneuse ; le blessé, homme à peine de la connaissance de sa mère, se faisant transporter chez elle comme à une ambulance; les préoccupations presque désespérées auxquelles les auteurs de ses jours s'étaient montrés en proie ; des conversations sans fin entre eux ou avec leur singulier hôte, un soin continuel vis-à-vis d'elle, de lui dérober ces entretiens ou de lui en laisser ignorer le motif ; les domestiques eux-mêmes laissant percer au milieu d'une discrétion respectueuse, l'étonnement de tout ce trouble: en fallait-il tant à un esprit naturellement sagace pour aviser un abîme, et quand fut faite à la noble héritière la révélation de l'incompréhensible époux qu'on lui destinait, dut-elle douter un instant qu'elle fût la victime propitiatoire appelée à racheter la tare obscure qui paraissait marquer les siens? Supposant que sa prompte résignation pourvoierait aux embarras de leur situation, elle jugea qu'il n'y avait pas à délibérer avec le calice qui lui était présenté; elle le trouvait horrible et plein d'amertume, mais le parti était pris de son sacrifice. Sublime de dévouement, soupçonnant tout, mais ne sachant rien; ne demandant point qu'il lui fût rendu compte, aussitôt prête, et sans marchander, elle accepta sa destinée, comme nous venons de le voir, et dérangea ainsi tous les calculs que sa mère avait basés sur la probabilité de sa résistance et de ses refus.

Néanmoins, ce fut pour la baronne un bonheur que cette rapidité de résolution, car Cousinot, quoiqu'ayant paru décidé, hésitait encore; l'idée de transporter à l'étranger le siège de la domination qu'il exerçait sur ses *administrés*, lui paraissait instinctivement, et malgré toute argumentation, pleine de périls; il avait peur d'être joué, exposé à quelque criminelle tentative; enfin, sans craindre précisément il n'était pas tranquille, et probablement se fût dédit. L'empressement si flatteur pour son amour-propre avec lequel il lui parut que mademoiselle de Chabourot l'accueillait, changea aussitôt la face de ses résolutions. Le pas qu'il venait de franchir si heureusement lui parut immense, il pensa qu'ayant la jeune fille pour auxiliaire, son œuvre était désormais faite, et qu'il était en mesure de paralyser tous les mauvais vouloirs de sa future belle-mère; aux noires idées de vengeance ou de dure tyrannie qui couvaient peut-être en son âme succédèrent de riantes pensées d'amour et de félicité conjugale, qui apprivoisèrent ce farouche vainqueur et le disposèrent à user avec modération de son triomphe. Si donc madame de Chabourot consentait enfin à se résigner et à mettre bas les armes, tout le fruit que sa courageuse enfant avait espéré de son sacrifice était véritablement obtenu; et, après tout, combien de familles plus nobles et plus haut placées avaient passé par de plus dures mésalliances; voilà ce que la baronne aurait dû se dire, ce que ne cessait de lui répéter M. de Chabourot, tout heureux de voir que la joie de sa fortune diplomatique ne serait pas troublée; extérieurement la chère dame se résignait, mais avec quels déchirements de cœur et avec quels combats!

Cependant, suivant ses instructions, M. de Chabourot devait se hâter de partir, et Cousinot lui-même, à peu près guéri de sa blessure, l'en pressait. En possession de son titre d'*attaché* ayant déjà fait confectionner l'habit brodé, costume de l'emploi, l'heureux aide-major commençait à désirer de se dépayser, afin de rompre avec les derniers liens qui l'attachaient à un passé auquel il avait quelque hâte de se dérober. Ayant une assez plaisante tendance à s'*aristocratiser* rapidement, il ne devait pas se passer beaucoup de temps sans qu'il prît en pitié et dégoût, et madame Bouvard et ses camarades de régiment, et ses partners de l'estaminet de la rue de la Montagne-Sainte-Geneviève ; en un mot, toute cette couche plébéienne, loin de laquelle devait désormais grandir et verdoyer la tige fraîchement plantée de son patriciat. Aussi, durant les jours qui suivirent la facile résolution de mademoiselle de Chabourot, trouva-t-il prudent et convenable de mettre autour de lui une sorte de balustrade qui isolât l'édifice naissant de sa fortune du contact de ses anciennes relations. Tout entier au soin de consolider son succès auprès de sa jeune fiancée, il s'occupait presqu'exclusivement d'elle, s'était rendu inaccessible pour tous ceux qui viendraient le visiter, vivait, comme il le disait, en famille, lisait l'almanach de Gotha, ne sortait qu'en voiture pour faire ses emplettes; et, jusqu'au moment de se mettre en route, bornait son univers à l'enceinte de l'hôtel Chabourot.

Toutefois il put s'apercevoir, dès le début de ses grandeurs et de sa félicité, que le contentement parfait n'est pas de ce monde ; car, deux jours avant le départ de toute la famille qui devait accompagner M. de Chabourot, Thérèse ayant réellement pris une tâche au dessus de ses forces, par suite du chagrin qui la minait d'autant plus cruellement à l'intérieur, qu'elle faisait plus d'efforts pour le dissimuler, se trouva atteinte d'une indisposition qui aussitôt revêtit tous les symptômes d'une affection assez grave. Dès le lendemain, il devint impossible de penser à ce qu'elle se mît en route, et naturellement madame de Chabourot dut rester auprès d'elle pour lui donner ses soins. Quant à M. de Chabourot, il n'y avait pas là une raison suffisante d'ajourner son départ, que le ministre avait ses raisons de presser vivement, et Cousinot, officiellement attaché à la légation, à moins de donner sa démission, ne pouvait se dispenser de le suivre. Devenu en peu de jours très sérieusement amoureux de Thérèse, il était vraiment au désespoir de la cruelle nécessité où il se trouvait de partir sans elle, d'autant mieux qu'il entrevoyait à cet arrangement quelque danger ultérieur dont, au vrai, il n'y avait nulle apparence, mais qui ne laissait pas de le préoccuper. Evidemment, s'il n'eût pas été sous le charme, il eût fait pour retarder son voyage quelque coup de sa tête, où les intérêts de son futur beau-père auraient bien pu être compromis; mais la même raison qui lui rendait l'éloignement si cruel le détermina à accomplir son sacrifice : à la voix de l'objet aimé qui, inspiré par madame de Chabourot, lui représenta qu'il ne pouvait se refuser à partir sans compromettre dès les premiers pas son avenir, il se rendit docile, et sur la promesse que lui fit la baronne de le tenir presque quotidiennement au courant de la maladie de sa fiancée, il se décida à la quitter.

Il avait eu d'abord la pensée de faire à Mantes un voyage pour voir son ami Lambert et lui donner quelques instructions; mais, au milieu de l'émoi où il fut jeté par l'accident survenu, il n'eut ni le temps, ni le courage de ce déplacement. Il se contenta d'annoncer à son confident le succès désormais certain de son entreprise et ses débuts dans la carrière diplomatique ; en même temps il le priait de continuer à garder soigneusement le dépôt qu'il lui avait confié, lui promettant de lui écrire de Francfort et lui marquant toujours, jusqu'à mandement contraire, le terme de six mois à dater du jour où on aurait cessé de recevoir de ses nouvelles pour ouvrir le paquet et en faire l'usage dont l'indication était jointe aux papiers qui y étaient contenus. Toutes choses ainsi en ordre, sans prendre congé de madame Bouvard ni d'aucun de ses camarades, mais par contre ayant adressé à Thérèse les adieux les plus désespérés et les plus touchants, s'éloignant d'ailleurs, à ce qu'il lui parut, en assez bons termes avec la baronne, il se laissa enfin ravir par M. de Chabourot, qui l'emballa dans sa chaise de poste et prit avec lui la route de la résidence où le forcené diplomate avait une hâte inexprimable d'arriver.

VIII.

Le soir même on lisait dans un journal :
« M. le baron de Chabourot, ministre plénipotentiaire à Francfort, est parti aujourd'hui pour se rendre à son poste ; il
« est accompagné de M. Cousinot, attaché à
« sa légation. »

On n'a jamais bien su par qui cette nouvelle avait été donnée au journal qui la mit en circulation. On pourrait à toute force soupçonner l'intervention occulte de Cousinot, qui du même coup aurait fait les affaires de sa vanité et aurait eu l'avantage d'engager de plus en plus les Chabourot. Quoi qu'il en soit, c'était, comme on dit en style de *presse*, un *fait Paris* à être répété par toutes les feuilles publiques, et qui ne laissa pas d'entraîner après lui quelques conséquences.

Dans le monde diplomatique où il fut d'abord remarqué, il devint l'occasion de beaucoup de commentaires. On se demandait, en appuyant sur chaque syllabe de la façon la plus désobligeante, ce que c'était que ce monsieur Cou-si-not, *Coussinot*, *Coulignot*, qui tout d'un coup se révélait. Cependant un préjugé assez favorable, à part le peu distinction du nom, accueillit d'abord cette nomination. Comme on connaissait généralement la parfaite incapacité du baron, on supposa que ce M. Cousinot pouvait être quelque sujet fort et habile comme la roture est de temps en temps admise à en fournir à la diplomatie, et qui avait été annexé à l'insuffisance de M. de Chabourot pour la compenser.

Mais un peu après ce fut bien une autre fête. Madame de Janvry, qui jusqu'à ce moment avait gardé une attitude de discrétion très peu conforme à son caractère, voyant le rival de son neveu, nonobstant la leçon que celui-ci lui avait donnée, continuer son chemin et se caser honorablement, ne put prendre sur elle de se taire plus longtemps. Malgré les recommandations de M. de Freneuse qui avait eu soin de tenir son duel aussi secret que possible et qui aurait voulu qu'un silence absolu éteignît à jamais le souvenir de ses relations avec la famille Chabourot, voilà la cruelle langue qui se met à raconter dans trois ou quatre salons que cet intrus du corps diplomatique, dont on cherche à savoir les antécédents, est un infirmier (il fallait bien égayer le conte) que M. de Chabourot est allé prendre dans la pharmacie d'un hôpital militaire pour en faire son collaborateur de chancellerie, peut-être même son gendre, continuait-elle sans savoir si bien dire. Ce n'est pas tout : madame de Janvry ajoute qu'elle a vu ce personnage à l'hôtel Chabourot, qu'elle a passé avec lui une soirée, qu'elle l'a pris pour un maquignon, et elle répète, en les embellissant, deux ou trois des paroles incongruës qu'a pu prononcer en sa présence l'aide-major, de telle sorte qu'un immense ridicule s'attacha non seulement à la personne de celui-ci, mais aussi à celle de ses protecteurs, qui d'ailleurs avaient commencé de se mettre fortement à l'index par le scandale de la fameuse scène du contrat, sur laquelle ils n'avaient fourni, que l'on sût, aucune satisfaisante explication.

Dans un autre monde à la caserne de la rue de l'Oursine, à la pension des lieutenants et sous-lieutenants, à l'estaminet de la rue de la Montagne-Sainte-Geneviève, la chose fut différemment prise. D'abord, on ne put croire que le Cousinot dont il était question fût celui que l'on connaissait, bien cependant que le moment de la disparition de l'aide-major coïncidât assez avec la nomination de son homonyme. Mais les deux officiers qui lui avaient servi de seconds et qui avaient à se plaindre de n'avoir pas reçu ses adieux, et même dans les derniers jours de son séjour rue de Varennes, d'avoir été très peu amicalement consignés à la porte, ne se crurent nullement engagés à garder le secret qui leur avait eté demandé sur l'affaire dans laquelle ils avaient été mêlés. Il racontèrent donc comment l'officier de santé, après son duel, s'était fait transporter à l'hôtel Chabourot, où ils l'avaient vu ensuite installé aussi à l'aise que chez lui. Or, étant nécessaire de trouver une explication à cette singulière faveur de Cousinot auprès de gens auxquels il ne se ramifiait pas naturellement, l'explication fut assez cavalière : on arrangea qu'étant de sa nature passablement *lovelace*, l'aide-major avait trouvé grâce devant la baronne, qui était une vieille coquette à faire cas d'un soupirant taillé en hercule, et que sa fortune s'était arrangée par là.

Cette calomnie circulant dans une sphère si fort au dessous de celle où vivait madame de Chabourot, ne lui portait pas, ce semble, un grand préjudice ; on va voir cependant les effets qu'elle eut pour elle.

Madame Bouvard avait été comprise dans l'oubli général et calculé que l'officier de santé avait fait de ses anciennes connaissances ; mais, pour la malheureuse hôtesse, ce déni de mémoire avait été autre chose qu'un déplaisir d'amour-propre, et son cœur, très engagé, comme on le sait, dans toute cette affaire, avait été profondément triste de l'abandon auquel longtemps avant le départ de Cousinot, elle s'était vue livrée.

Après de nombreux, mais inutiles efforts tendant à découvrir ce qu'il était devenu, la pauvre femme avait obtenu de savoir pour tout renseignement, qu'un matin un commissionnaire s'était présenté à *l'hôtel du Cantal*, porteur de l'argent nécessaire pour payer ce que pouvait y devoir l'officier de santé, et avait enlevé ses effets ; à dater de ce détail elle n'avait plus rien appris de lui.

Déjà plus d'une fois, dans sa douleur, elle avait pensé à se rendre à l'hôtel Chabourot, où les accointances que Cousinot avait dit y avoir devaient faire espérer qu'on pourrait obtenir de ses nouvelles ; mais, craignant d'être mal reçue, la maîtresse de pension, qui avait sa fierté, avait remis pour faire cette démarche à la dernière extrémité, et elle hésitait encore à s'y résoudre, quand la nouvelle annoncée par le journal, accompagnée du scandaleux commentaire que nous avons dit ci-dessus, fut enfin portée à sa connaissance.

Alors furent expliquées pour elles les demi confidences que Cousinot lui avait faites durant sa captivité ; alors elle se rendit compte de l'empressement qu'il avait eu de connaître ce qui, pendant son absence, se passait à l'hôtel Chabourot, et maudit la faiblesse et l'aveuglement qu'elle avait montrés à se faire la complaisante des jalouses sollicitudes de son infidèle. Furieuse à cette pensée, telle qu'une lionne à laquelle on a ravi ses petits, cette Ariane délaissée puisa dans l'exaltation de sa jalousie non seulement le courage du voyage de découverte qu'elle avait d'abord médité, mais encore celui d'une descente vengeresse, qu'immédiatement elle arrêta de faire chez celle qu'elle tenait pour sa rivale. Ayant aussitôt fait une toilette recherchée, afin de donner leur plus haut degré de splendeur à des charmes qu'elle allait mettre, à ce qu'elle croyait, en présence de charmes ennemis, elle prit le chemin de la rue de Varennes, résolue, quelque résistance qu'on pût lui faire, de pénétrer jusqu'à la baronne, et se proposant, comme elle le disait élégamment, de lui *monter une garde* et de la *sabouler un peu proprement.*

IX.

S'étant fait annoncer chez celle qu'elle croyait sa rivale, madame Bouvard n'éprouva à être introduite, aucune des difficultés qu'elle avait supposées, et voici pourquoi.

Plus d'une fois madame de Chabourot s'était arrêtée à une idée si naturelle, que ce serait à la prendre en pitié pour peu qu'elle ne l'eût point eue. Est-il donc impossible, s'était-elle dit, de savoir où notre persécuteur a fait le dépôt de ses papiers ? Le recéleur ne serait peut-être pas incorruptible, et une fois rentrés dans la possession de ces pièces de conviction qui pèsent sur notre vie, nous aurions bientôt fait d'avoir raison de celui qui les met en œuvre. Mais comment s'y prendre pour découvrir la cachette ? par quel bout dénouer ce nœud gordien ?

De faire parler Cousinot, il n'y avait pas apparence, il était trop rusé : du plus loin qu'on l'eût pressenti à ce sujet, on lui eût donné l'éveil, et l'on n'eût fait que le décider à redoubler de vigilance et à multiplier ses précautions. L'excellente baronne, à l'époque du départ de son futur gendre, s'était bien avisée d'une habileté : elle avait tout simplement payé un homme habitué à ces sortes de soins et l'avait chargé de s'attacher aux pas de l'aide-major toutes les fois qu'il sortirait. Il était, en effet, plus que probable, qu'avant de quitter la France pour un temps indéterminé, il voudrait donner ordre à la conservation de son arsenal, et l'on a pu voir que Cousinot avait été sur le point de tomber dans ce piège ; car s'il se fût rendu à Mantes, comme il en avait l'intention, il aurait été suivi par son argus ; on aurait su ce que c'était que le capitaine Lambert, sa liaison intime avec l'officier de santé, et d'encore en encore la mine était éventée.

Mais notre homme avait été sauvé de ce danger par son étoile, et, ainsi que nous l'avons vu, il s'était contenté d'écrire. Quant aux sorties d'ailleurs très peu fréquentes qu'il avait faites dans Paris, elles avaient été si parfaitement insignifiantes, que, sur les rapports qui lui avaient été transmis à leur sujet, madame de Chabourot n'avait vu aucune ouverture à imaginer même l'ombre d'un plan.

Une entrevue avec madame Bouvard, que l'on savait dans d'intimes relations avec l'officier de santé, était-elle un fait sans valeur et dont il n'y eût aucun parti à tirer? Ce ne pouvait être l'avis de la baronne, qui, au contraire, d'un coup d'œil et d'une conception rapides, entrevit la possibilité de faire causer la visiteuse, et d'être renseignée par elle, dans une proportion quelconque, touchant le secret dont la découverte aurait été particulièrement précieuse durant l'absence du traître Cousinot. Aussitôt donc que le nom de la maîtresse de pension fut dit à madame de Chabourot, celle-ci donna l'ordre de l'introduire et la reçut, comme on dit au bas d'une lettre, avec la considération la plus distinguée.

La gracieuseté de cette accueil modifia sensiblement la forme que madame Bouvard était résolue de donner à son exorde. Maintenue dans toute la chaleur de son irritation par quelque blessure faite à son amour-propre, elle eût procédé *ex abrupto* à la manière du fameux *quousquè tandem Catilina, abutere patientiâ nostrâ*, qu'un honnête régent de collège traduisait par : *Ah ça, Catilina, aurez-vous bientôt fini ?* Désarmée par l'affabilité de la baronne, elle ne se trouva que le courage de la petite insinuation ironique, enveloppée de politesse aigre-douce, et commença ainsi :

— Je sais qu'il n'est pas d'usage, quand on n'est pas de la société d'une personne, de se présenter chez elle à l'imprévu, mais le souvenir de quelques relations que j'ai eu l'honneur d'avoir avec vous m'a fait espérer que vous ne vous formaliseriez pas de ma démarche.

Ce début, sans que la maîtresse de pension eût pensé à le rendre tel, était assez impertinent, car les termes dans lesquels elle s'était trouvée avec madame de Chabourot ne pouvaient pas s'appeler des relations. Néanmoins, la baronne ne se *formalisa* pas plus de la façon de parler que de la démarche, et elle engagea obligeamment madame Bouvard à lui exposer l'objet de sa venue.

— Je désirerais connaître, reprit la visiteuse, si le Cousinot, qui est mentionné sur le journal comme accompagnant M. le baron de Chabourot dans son ambassade, est un officier de santé qui servait dans le régiment d'infanterie, caserné à l'Oursine.

— M. Cousinot a été en effet médecin militaire, répondit madame de Chabourot; mais pourquoi cette questioin ?

— Ah! dit finement madame Bouvard, c'est que ce monsieur a la mémoire un peu courte, ce qui peut bien lui être arrivé par l'effet de la grande faveur qu'il paraît avoir trouvée ici, et je désirerais lui rafraîchir les idées à l'occasion d'un petit oubli qu'il a commis à mon égard.

— Est-ce une lettre qu'il s'agirait de lui faire parvenir? demanda la baronne.

— Oh! mon Dieu! je ne voudrais pas l'étourdir pour un rien pareil; mais si dans le petit coin d'une de vos lettres, vous aviez occasion de lui glisser quelque chose sur madame Bouvard à laquelle il se trouve redevoir quelque petite chose, je vous en serais spécialement obligée.

— Je n'ai pas, que je sache, occasion d'écrire à M. Cousinot, repartit la baronne; mais donnez-moi une note des réclamations que vous pouvez avoir à exercer; je la joindrai à ma lettre la première fois que j'écrirai à M. de Chabourot.

— Tiens ! fit madame Bouvard d'un air de bonhomie enjouée, je vous croyais en correspondance ensemble ; alors, puisque vous ne lui écrivez jamais, je m'adresserai à lui directement, car je ne voudrais pas avoir l'air de le dénoncer à son ambassadeur.

— Mais je ne crois pas que la constatation d'une dette laissée en souffrance puisse avoir ce caractère. La présomption est qu'un oubli involontaire.....

— Ce n'est pas mon opinion, interrompit madame Bouvard, laissant malgré elle et contre une intention qu'elle avait cru plus solidement arrêtée, percer l'amère douleur de son délaissement ; ce n'est guère quand on a été accueilli dans une maison comme M. Cousinot l'a été dans la mienne, qu'on peut oublier les obligations qu'on y a contractées; l'argent sans doute est quelque chose, mais, pour un homme bien élevé, les égards et la politesse sont le premier des devoirs, et l'on ne devrait se laisser persuader par personne d'y manquer. — Attrape! se dit à elle-même la bonne hôtesse en finissant cette période qui lui parut un modèle d'insinuation à la fois sanglante et modérée.

Madame de Chabourot comprit bien que la pauvre hôtesse était ulcérée de son abandon; mais, étant à mille lieues de supposer qu'on pût lui reprocher d'y être pour quelque chose, elle n'attacha aucune importance à toute cette trigauderie de paroles dans laquelle madame Bouvard se délectait, aussi répondit-elle avec bonté:

— Je ne connais pas assez M. Cousinot pour me rendre caution de sa conduite, mais à cause de vous, Madame, je regrette qu'elle n'ait pas été aussi convenable que vous auriez pu le désirer.

— Ah! vous ne le connaissez pas, reprit madame Bouvard, commençant de s'animer sous ces bienveillantes paroles qui lui parurent un perfide et odieux persifflage ; je ne m'étonne pas alors de la grande protection que vous lui accordez.

Cette phrase, pour qui sait la pensée de la triste amante, était une ironie, mais madame de Chabourot n'eut, en aucune manière, la perception de cette intention malveillante, elle crut, au contraire, qu'elle voyait venir, touchant le passé de l'aide-major, quelque méchante révélation dont il pourrait y avoir à faire son profit. Voulant donc pousser au développement de cette confidence :

— En vérité, Madame, vous m'effrayez dit-elle, et vous me laisseriez craindre que la bienveillance de mon mari, malheureusement surprise, ne se fût égarée sur un sujet qui en aurait été peu digne.

— Oh ! Madame, repartit plus aigrement encore madame Bouvard, ce n'est pas sur une recommandation aussi éclairée *comme* la vôtre, qu'une bienveillance quelconque peut s'égarer.

— Une recommandation comme la mienne, répéta la baronne qui, dans cette parole, surprit enfin, en continuant toutefois d'en ignorer le motif, une nuance de désobligeance ; mais je vous prie de croire que je ne me mêle en aucune façon d'influencer les choix de mon mari. Ce serait vous plutôt, à bien dire, qui auriez été auprès de lui l'introductrice de M. Cousinot, car il s'est présenté ici comme ayant été appelé par vous pour donner des soins à un homme auquel nous portions quelque intérêt : sous ses auspices, il a été accueilli par M. de Chabourot qui, n'étant pas fâché d'avoir auprès de lui un médecin français, l'a fait attacher à sa légation. Ainsi, ajouta-t-elle en souriant, vous êtes vraiment l'auteur de son petit bien-être, auquel vous paraissez maintenant avoir quelque regret.

— On sait que vous avez de l'esprit, et vous arrangez parfaitement les choses ; mais figurez vous bien, Madame, que je ne suis nullement votre dupe, dit alors madame Bouvard, arrivant à mettre, comme on dit familièrement, les pieds dans le plat.

— Qu'appelez-vous être ma dupe? demanda la baronne, commençant à craindre que son interlocutrice n'en sût, touchant la tentative de Cousinot, plus qu'il ne lui aurait convenu.

— Oui, Madame, reprit l'ex-Dugazon, qui avait sans doute souvenir que pareille chose lui fût jadis arrivée, on n'est pas l'objet de l'espionnage d'un homme sans qu'il ait ses raisons pour prendre tant de soucis.

Ce développement nébuleux venant augmenter la sollicitude de la baronne : Je vous jure, dit-elle, ma chère dame, que je ne vous comprends pas, et si vous ne vous expliquez plus clairement.....

— Suffit, Madame, reprit madame Bouvard, que je m'entende ; mais tout ce que je puis vous dire, c'est que, si vous comptez sur la constance de M. Cousinot, vous aurez à rabattre de cette belle opinion ; M. Cousinot est un homme sans délicatesse, ne payant pas mieux ses dettes de cœur que ses dettes d'autre chose; il vous fera *aller* comme il en a fait *aller* bien d'autres, et vous me direz de ses nouvelles d'ici à quelque temps.

L'espionnage, la constance de Cousinot

étaient pour madame de Chabourot deux mots parfaitement vides de sens, qui ne pouvaient suffire à la mettre sur la voie des étranges idées de madame Bouvard ; elle ne s'y arrêta donc pas, les prenant pour des termes vagues et impropres ; mais, quant au reste des deux phrases qui venaient de lui être dites, il lui parut indiquer dans la maîtresse de pension une connaissance assez avancée de l'intrigue matrimoniale de l'aide-major. Voulant donc aller au fond de ce danger :

— Vous paraissez, dit-elle, être assez au courant de toutes les affaires de M. Cousinot ?

— Comme peut l'être une femme, répondit madame Bouvard, pour laquelle dans un temps, quand il faisait son bon chien auprès d'elle, il n'avait point de secret.

— J'ai ouï dire en effet, repartit la baronne, faisant allusion à ses renseignements de police, que vous aviez été pour lui d'un grand dévouement. Mais il y a des confidences d'une nature tellement grave qu'on ne se les fait guère qu'à soi-même.

— Aussi n'est-ce pas par lui que j'ai rien su.

— Ah ! fit en elle-même madame de Chabourot en se précipitant sur l'idée que son interlocutrice pût connaître le dépositaire des papiers. Elle saura donc me dire !... Puis, elle reprit tout haut : Ainsi tout le secret est connu de vous ?

— De moi et de beaucoup d'autres, Madame, répondit madame Bouvard, toujours poussant la pensée de Cousinot adorant de la baronne.

— De vous et de beaucoup d'autres, s'écria avec étonnement madame de Chabourot, c'est impossible ! Mais voyons, nous en tendons-nous, de quoi voulez-vous parler au juste?

— Parbleu! de vos amours avec ce bel oiseau, repartit madame Bouvard en finissant avec toutes réticences et toutes circonlocutions.

— Mes amours avec M. Cousinot! répéta madame de Chabourot, vous êtes folle et je vois bien que nous ne nous comprenions pas.

Ces paroles furent dites avec tant de naturel et accompagnées d'un sourire de dédain si inexprimable, que la robuste conviction de madame Bouvard en fut ébranlée, une autre de ces passions bien aussi forte que celle de la jalousie venant d'ailleurs d'être éveillée ; mais quelle serait donc cette autre confidence? demanda-t-elle alors à la baronne.

Celle-ci, voyant qu'elle avait été amenée à

entamer son secret, trouva qu'une discrétion absolue aurait plus d'inconvénients qu'une confidence relative; aussi bien elle n'avait pas encore renoncé à l'idée que madame Bouvard pourrait lui donner, touchant le lieu où étaient déposés les papiers de Leduc, quelques indications indirectes. Elle répondit donc avec beaucoup d'adresse :

— Je savais bien que ce n'était point à vous dont ses folles idées blessaient tous les intérêts, à vous, pour qui il avait montré tant d'ingratitude, que ce méchant homme aurait fait une révélation d'une aussi extrême gravité. D'ailleurs, vous étiez connue de nous ; vous n'étiez qu'une femme, cela ne lui présentait aucune garantie. C'est à une personne avec laquelle on a une ancienne et solide liaison basée sur d'autres fondements qu'une fugitive fantaisie de cœur, que l'on confie des secrets et des dépôts pareils; à moins donc qu'à votre connaissance il n'ait quelque ancien ami d'un dévouement entier et absolu, il est inutile que nous cherchions, et votre sagacité aussi bien que la mienne sera en défaut.

Il aurait fallu une femme autrement profonde que madame Bouvard pour se tenir en garde contre les excitations à parler que l'intelligence de nos lecteurs peut remarquer à chaque mot de cette phrase. Un secret qui blessait ses intérêts, secret que Cousinot avait dédaigné de lui confier; le... il est inutile que nous cherchions, forme flatteuse pour l'amour-propre de la curieuse hôtesse, à laquelle, en l'admettant provisoirement en participation dans la recherche, on semblait promettre plus tard la confidence de tout le mystère; sa sagacité à la fois proclamée et mise en demeure, c'étaient là autant d'habiles et traîtreuses provocations dont de plus fortes têtes que celle de l'interlocutrice de la baronne auraient eu peine à se défendre. Aussi, après avoir un moment réfléchi :

— Il n'y a, fit madame Bouvard, que le capitaine Lambert auquel il peut avoir parlé de cela.

— Vous pensez? repartit madame de Chabourot avec une négligence, vrai prodige de puissance à se posséder lorsqu'une autre se serait jetée sur ce renseignement avec le cri d'une hyène engloutissant sa proie.

— Oui, je ne vois que lui, reprit madame Bouvard d'un air capable. Mais de quoi s'agit-il au juste?

— C'est un jeune homme ce capitaine Lambert? demanda madame de Chabourot sans répondre à la question qui lui était adressée.

— Un jeune homme! dit madame Bouvard, il est en retraite.

— Ah! ce n'est donc pas un autre Lambert qu'il a plusieurs fois mentionné devant moi et qui servait dans l'artillerie? c'était sans doute pour me faire prendre le change.

— Non, c'est un Lambert, capitaine de son régiment, et qui vint le voir durant qu'il était aux arrêts.

— Comment il avait pu venir aussi vîte? dit madame de Chabourot qui, à la tournure de la phrase de madame Bouvard, devina que ce précieux homme n'habitait pas Paris.

— Mais pour venir de Mantes, fit madame Bouvard, qui croyait causer quand on la faisait répondre, il ne faut pas tant de temps.

— Mantes! une certaine distance de Paris, un militaire en retraite, sans doute, homme grave et de résolution? Oui, les apparences sont pour ce choix, se dit à elle-même madame de Chabourot ; puis, n'ayant plus rien à tirer de madame Bouvard, elle termina avec elle par une vraie scène de comédie :

— Ah ça, ma chère dame, lui dit-elle avec une parfaite bonhomie, j'espère que vous êtes revenue de vos folles pensées d'une rivalité entre nous ; car, il ne faut pas vouloir me le cacher, vous avez de l'attachement pour ce garçon, qui, du reste, il faut en convenir, est un homme instruit et aimable. Loin de vouloir l'éloigner de vous, tous mes soins, comme vous le verrez quand j'aurai achevé de *tout* vous dire, vont à le ramener à vos pieds. D'ailleurs, continua-t-elle avec une apparence de niaise crédulité, je sais qu'il n'y a eu entre vous que du pur platonisme, excellente condition pour avoir raison d'un volage, car c'est l'abandon de nous-mêmes qui, auprès de ces affreux hommes, nous fait perdre nos meilleures chances.

Dans deux jours au plus tard, quoiqu'ayant ma fille malade et que je ne quitte guère, je trouverai un moment pour vous voir, nous causerons à fonds et véritablement, ma chère madame Bouvard, vous apprendrez des choses à vous faire tomber de votre haut.

Congédiée de cette façon tout amicale, madame Bouvard se leva, affriandée, comme on pense, par la promesse du beau secret qui lui était promis. Mais entre nous, il nous semble, pour reproduire encore une fois son expression passablement hasardée, que la plus *saboulée* des deux n'avait pas été la baronne et que véritablement celle-ci avait montré sur les maîtresses de pension bourgeoise une grande supériorité.

XXXIV.

Le renseignement que venait d'obtenir madame de Chabourot était sans contredit du plus haut prix pour elle ; toutefois, avant de pouvoir en faire quelque usage, un plus ample informé était nécessaire ; pour établir un plan de soustraction soit violente, oit frauduleuse, il était indispensable de savoir si l'on s'adressait juste ; en effet, inutile de perdre du temps et un temps précieux, celui de l'absence de Cousinot ; de se consumer en efforts, de s'embarquer peut-être dans des démarches dangereuses ou compromettantes pour venir se heurter à quelque méprise ou à quelque néant. Constater le dépôt fait aux mains de Lambert était donc un préliminaire impérieusement commandé, mais qui n'en était pas plus facile à accomplir pour cela.

Savoir ce que c'était au juste que le capitaine Lambert, était également un point de départ important ; mais il n'y avait pas, à obtenir ce renseignement, un grand embarras pour la baronne. Au moyen de l'intervention de cette madame de Chervieux, qui *voyait beaucoup M. Franchet,* un dossier fut consulté par ordre supérieur au ministère de la guerre, et en quelques heures on put lui faire passer la note suivante :

« Lambert (Michel-Joseph), capitaine
« d'infanterie en retraite; âgé de 56 ans;
« homme résolu et brave, caractère intrai-
« table et à ménager; opinions politiques
« tièdes, mais peu favorables au gouverne-
« ment; hors de la *théorie* et de *l'école de pe-*
« *loton*, capacité des plus ordinaires; pro-
« bité reconnue pour être exacte et sévère;
« joignant à sa pension de retraite une pe-
« tite aisance, vit à Mantes assez retiré;
« s'y occupe de jardinage, mais sans qu'on
« ait lieu de croire que ce goût soit destiné à
« dérober quelque occupation plus sérieuse
« ou quelque affiliation aux sociétés secrè-
« tes. »

De cet aperçu du capitaine Lambert se déduisait assez nettement : 1° qu'il n'y avait pas lieu de songer à le corrompre, 2º qu'il était à peu près inutile de penser à l'intimider, mais 3º qu'on pouvait assez facilement en faire une dupe. Ce fut donc de ce côté que la baronne, résolue d'entreprendre le siège du vieux militaire, commença [à ouvrir la tranchée.

Le lendemain du jour où avait eu lieu la conversation avec madame Bouvard, à une heure avancée de la soirée, 'que l'on veuille bien remarquer minutieusement toutes les circonstances, à ce moment où, à moins d'être assailli par une affaire imprévue et pressante, un homme rentré chez lui ne pense plus à en sortir, parce qu'il n'est ni le temps d'aller faire une visite, ni celui d'aller faire une emplète, ni celui de se promener; à ce quart d'heure enfin, où en lui créant l'intérêt de quitter son domicile, on peut presqu'à coup sûr affirmer qu'il cède, en mettant le pied dehors, à la suggestion de cet intérêt et non d'un autre, on sonna à la porte du logis de Lambert; un homme enveloppé d'un manteau demanda s'il y était et s'il était seul; sur la réponse affirmative de la servante, l'inconnu laissa pour lui une lettre et s'éloigna aussitôt.

Le capitaine, sur le point de se mettre au lit, fut assez étonné de recevoir cette épître qui ne portait aucun timbre de la poste, et qui était tracée d'une écriture évidemment contrefaite. L'ayant ouverte, il y lut ce qui suit :

« Capitaine,

« Vous êtes un vieux brave ; moi aussi j'ai servi *sous l'autre*, nous sommes donc frères d'armes et je vous sauverai. Condamné par mes malheurs à vivre dans les antres de la police, j'y apprends bien des secrets, et, par l'usage que j'en fais parfois, je me relève à mes propres yeux. Ce soir, entre dix et onze heures, des agents, que ma lettre aura à peine le temps de précéder, arriveront à Mantes pour faire chez vous une visite domiciliaire. La politique en sera le prétexte, mais je sais que des papiers intéressant une famille puissante seront recherchés. A aucun prix ne les gardez chez vous si vous les avez, car le chef chargé de l'expédition est un homme des plus dangereux qui a la main aussi heureuse qu'habile, et qui les trouverait en quelque lieu qu'ils soient cachés. D'ailleurs, d'après ce qu'on a laissé échapper devant moi, on se doute de l'endroit.

« Vous avez été trahi !

« Je ne sais pas autrement ce dont il sagit, mais laissez ce dépôt, qui vous serait enlevé et qui vous compromettrait beaucoup à ce qu'il paraît, vingt-quatre heures hors de votre domicile, chez un ami sûr, mais en ayant soin, autant que possible, de vous bien cacher pour le déplacement. Au bout de ce temps, il n'y aura plus aucun danger ; on soupçonne deux autres personnes autant et plus que vous encore, de recéler ces papiers qui doivent contenir un secret terrible, vu l'importance qu'y attache l'autorité, et ne trouvant rien chez vous, on se tournera de leur côté. Si le dépôt n'est pas entre vos mains, alors ne bougez pas et laissez les agents opérer à l'aise, car le mandat de perquisition n'a que le but que je vous ai dit là, et leur démarche n'aura pas d'autres suites.

« Brûlez cette lettre et n'en ouvrez la bouche à personne.

« *Signé* : Un homme qui aurait honte de se nommer et qui pourtant en acceptant l'infâmie pour donner du pain à sa famille, n'a jamais transigé avec l'honneur et n'y transigera jamais. »

Prenons un peu la place du capitaine Lambert au moment où il reçoit cette lettre. Il se sait chargé d'un dépôt dont on ne lui a jamais laissé ignorer l'importance, mais dont la portée et le caractère lui sont inconnus. Par un avis qui peut être une ruse de la famille intéressée à ce dépôt, mais qui aussi peut être une loyale et bienveillante démarche, il est prévenu que les titres dont il a la charge sont menacés entre ses mains et qu'ils peuvent devenir pour lui un danger. Ce danger, s'il n'était que pour lui seul, il serait bien homme à le braver ; mais si, en négligeant l'officieuse révélation qui lui est faite, il allait mettre en péril l'intérêt confié à ses soins et à son honneur... quels regrets et quels reproches !

Cependant, il faut prendre un parti, l'heure

marquée pour la descente de justice est déjà proche, et dans quelques instants peut-être il ne sera plus temps. Ce n'est pas que les papiers ne soient en lieu très sûr, et qu'ils ne doivent défier les recherches ; mais *s'il a été trahi !* D'autre part, sortir à pareille heure, ayant sur lui le trésor, n'est-ce pas s'exposer à être assassiné par des gens qui, peut-être, ont imaginé ce prétexte pour l'attirer dehors ? Cependant, ce guet-apens étant prévu, en ayant soin de ne sortir qu'armé, on ne doit pas le tenir pour fort redoutable ; et au contraire, la perquisition est une chance qu'on sera forcé de subir l'arme au bras, et sans pouvoir se défendre ; triste et fâcheuse prévision ! D'ailleurs, en relisant la lettre, n'y trouve-t-on pas un grand caractère de vraisemblance, et est-il raisonnable de n'en pas tenir compte ? Après tout, de quoi s'agit-il ? de transporter chez une personne sûre le paquet d'où paraît dépendre sa sûreté et l'avenir de son cher Cousinot, et de l'y laisser pendant vingt-quatre heures, et encore peut-on mettre à ce déplacement tant de secret, que celui-là même qui sera le sous-dépositaire ignorera la valeur et la nature du dépôt.

Le pour et le contre ainsi pesés, l'honnête Lambert se décide pour l'action : faisant un paquet de quelque vieille défroque militaire, souvenir de l'Empire, qu'il avait conservé, il joint aux papiers de Cousinot un aigle, une cocarde tricolore, une des proclamations jetées par Napoléon sur son passage lors du retour de l'île d'Elbe, et prenant garde de n'être pas suivi, il se rend chez un ancien vélite retiré comme lui dans le pays et auquel il était dans l'usage de faire part d'une petite portion de son superflu. Après avoir expliqué à cet homme qu'il craint de voir ces objets saisis dans une visite domiciliaire dont il est menacé, il les lui confie et n'a pas besoin de lui recommander la plus inviolable discrétion, après quoi il revient chez lui en toute hâte pour être là au moment de la venue des agents.

Mais ceux-ci ne vinrent pas, et le lendemain l'homme que précédemment madame de Chabourot avait employé à surveiller Cousinot lui rendait compte qu'une demi-heure après qu'il eut remis la lettre chez Lambert, caché dans le renfoncement d'une porte charretière, il avait vu furtivement celui-ci sortir de chez lui : la baronne n'avait pas besoin d'en savoir davantage. L'épreuve avait réussi et les papiers étaient au lieu qu'elle avait soupçonné.

XI.

Madame de Chabourot, pour le cas où Lambert se trouverait, en effet, l'homme qu'elle supposait, avait arrangé un plan. Son doute éclairci, elle se mit en route pour se rendre chez madame Bouvard qu'elle voulait associer à l'exécution de ses projets.

Dès son entrée chez l'ex-artiste dramatique, la baronne, qui savait comme on dispose bien pour soi les gens en leur parlant de leur habileté et de leur finesse, commença de lui dire :

— Savez-vous, ma chère dame, que vous êtes un peu sorcière, et que ce Lambert dont vous m'avez parlé est bien le compère de Cousinot.

— Oh! j'étais bien sûre de ne pas me tromper, dit madame Bouvard d'un air capable.

— Mais vous le connaissez donc, demanda madame de Chabourot, pour avoir si bien flairé ses accointances avec notre médecin militaire?

—C'est-à-dire, répondit l'hôtesse, que j'en ai fort entendu parler à M. Cousinot, dont il était le Pylade tant qu'il resta au régiment. Mais je ne le connais pas de sa personne.

il avait pris sa retraite avant que M. Cousinot n'eût accès chez moi, et dernièrement quand il vint passer quelques jours à Paris, M. Cousinot affecta je ne sais pourquoi de ne pas me faire rencontrer avec lui.

— Vous ne savez pourquoi ! répéta la baronne. Cela est bien clair : ne voulant rien vous dire de son secret, il vous cachait cet homme qui en était la moitié.

— Ou bien, dit madame Bouvard sans trop penser qu'elle avouait, par cette remarque, bien des choses, peut-être M. Cousinot, qui est d'une nature très jalouse, craignait-il que son ami ne s'occupât de moi.

— Est-ce que ce serait un séducteur ? demanda la baronne.

— Pas le moins du monde ; ce serait plutôt, d'après ce que m'a dit M. Cousinot, un personnage assez embarrassé de faire sa cour à une femme, un homme à s'attacher assez fortement, mais de ceux, vous comprenez, qui ne savent par quel bout commencer.

— Vous me ravissez par tout ce détail, dit madame de Chabourot, car il rentre à miracle dans mes projets. Mais avant d'en parler, une question à laquelle je vous demande de me répondre avec franchise ; nous sommes entre femmes, et nous pouvons bien tout nous dire : Aimez-vous encore ce Cousinot qui s'est si mal conduit avec vous?

A cette question, madame Bouvard baissa chastement les yeux, et marqua un peu du charmant embarras que montre à pareille question une ingénue, puis ne répondit pas.

— D'abord, reprit la baronne, vous avez renoncé à vos folles suppositions de l'autre jour ; d'ailleurs, ce que j'aurai à vous conter, si vous entrez dans mes idées, vous prouvera usqu'à l'évidence que la nature de mes relations avec la personne qui nous occupe est bien autre que vous n'avez cru. Je vous demande donc de nouveau : l'aimez-vous encore, et l'aimez-vous assez pour vouloir vous venger?

— Ah! certes, je lui en veux, repartit madame Bouvard, sa conduite est de la dernière indélicatesse, et je lui ferai tout le mal que je pourrai.

— Donc vous l'aimez, répondit la baronne, et vous aurez encore bien plus d'ardeur à lui faire payer cher ses mauvais procédés, quand vous saurez jusqu'à quel point il est coupable vis à vis de vous. Cela étant, je viens vous proposer une alliance offensive et défensive ; je crois avoir le moyen, si vous consentez à m'aider, de le réduire à une telle extrémité qu'il soit trop heureux de venir à genoux implorer votre pardon ; êtes-vous un peu tentée de ce résultat ?

— Mais, fit madame Bouvard, encore faudrait-il savoir?

— Ecoutez, ma chère belle, dit familièrement madame de Chabourot, se descendant de dessein pris, au niveau de son interlocutrice ; je vais tout simplement vous dire le secret le plus grave que j'aie jamais pu confier à âme vivante; il s'agit de l'honneur de ma famille, de ma sollicitude de mère, de toute la considération à laquelle je puis prétendre dans le monde, et certes, en vous faisant une confidence qui touche à tant d'intérêts si précieux pour moi, je crois vous donner la preuve d'une estime sans pareille : j'en conviens cependant, je suis tranquille au moment d'un aveu si solennel, quelque chose me dit que je ne cours aucun risque et que je m'adresse bien.

— Croyez, en effet, Madame, dit l'*ex-Du-*

gazon avec émotion, que votre confiance est bien placée.

— J'en jurerais, reprit la baronne, et je commence par un aveu dont votre amour-propre ne sera pas fâché. — Vous vous rappelez cette nuit si solennelle que je passai avec vous, auprès des restes mortels d'un de vos pensionnaires; vous m'entourâtes de précautions, de défiances : eh bien, vous aviez deviné admirablement et votre méfiance était justifiée.

— En vérité! fit madame Bouvard étonnée et rapprochant son siège de celui de la baronne, mouvement que l'on fait instinctivement quand, l'attention vivement excitée, on se prépare à bien écouter.

— Oui, reprit madame de Chabourot, j'avais à m'emparer de papiers importants qui n'étaient dans aucun des meubles que je fermai officieusement; ils étaient sur le mort lui-même, qui ne s'en séparait jamais, et c'est là que, pendant l'absence que vous fîtes, pour aller hâter l'arrivée du prêtre, M. Cousinot, que vous aviez laissé auprès de Leduc, les découvrit, commettant ensuite l'infamie de se les approprier.

Nous avons déjà fait connaître l'habitude de la baronne d'arranger la vérité en variations et de ne jamais mentir que de profil : nouvelle application de son système dans la circonstance, comme on peut le remarquer.

— Je ne vous ferais pas comprendre la profondeur de méchanceté de cet homme et celle de notre malheur, reprit madame de Chabourot, si je ne vous édifiais sur la nature des papiers dérobés par lui. Vous savez combien les jeunes filles sont parfois légères ; la mienne vint à prendre de l'amour pour un jeune homme que M. de Chabourot avait chez lui en qualité de secrétaire...

— Oh ! que c'est ça ! fit madame Bouvard, chez laquelle cette circonstance de la naration de la baronne réveillait des souvenirs d'opéra-comique et de vaudeville.

—C'était un enfantillage, continua madame de Chabourot, persistant, dans l'intérêt de ses projets, à calomnier odieusement l'ange qu'on ne sait comment elle avait mis au monde ; mais de fâcheuses traces en étaient demeurées ; une correspondance avait eu lieu, qui, tout insignifiante qu'elle fût en réalité, pouvait, à mon avis, compromettre sérieusement l'avenir de la jeune imprudente...

— Vous avez bien raison, dit la chaste hôtesse, rien n'est plus compromettant que d'écrire, et si j'avais une fille, ma première leçon de morale serait : Ma fille, n'écrivez jamais.

— Malheureusement, reprit la baronne, la mienne avait écrit, et jugez un peu de notre douleur et de notre effroi ; cette intrigue découverte, le jeune homme chassé de la maison, nous apprenons que les letres de la malheureuse enfant sont entre les mains de Leduc, confident de toute l'affaire, et auquel son digne protégé les avait confiées de peur que quelque hasard ne les fît découvrir en sa possession; mais ce n'est pas tout, ma chère dame, Leduc, sommé de les rendre, s'y refuse, et déclare que si on ne marie pas les jeunes gens, il publie leur correspondance.

— Ah! le vieux gueux, s'écrie madame Bouvard, ne mesurant pas plus ses paroles que son indignation.

— Vous comprenez que nous ne tînmes aucun compte de cette menace, néanmoins nous voilà engagés à des ménagements sans fin avec cet audacieux valet : pour mieux nous épouvanter, il quitte la maison et se met à bouder chez vous, où vous vous rendez compte maintenant que je vinsse le voir souvent ; il s'agissait de négocier avec lui.

— C'est singulier, dit alors madame Bouvard, mentant à son tour pour faire honneur à sa perspicacité, j'avais deviné qu'il devait y avoir quelque chose de pareil dans ces singulières relations.

— Enfin, dit la baronne, nous touchions au port. A force d'habileté, de prières, de résignation, j'avais à peu près décidé Leduc à restituer, quand, la mort le surprenant, les lettres sont dérobées par le détestable Cousinot.

— Le reste va de suite, fit alors madame Bouvard, au moyen de ces lettres il vous *tane*, il vous domine. Ah ça! ajouta-t-elle par réflexion et comme une femme qui prenait toujours un peu parti pour les amoureux ; et le jeune homme ?

— Quel jeune homme? demanda la baronne ne comprenant pas cette préocupation, bien qu'elle fût tout à fait dans la logique d'une vie passée au service des intrigues dramatiques où l'on sait qu'il n'est pas d'usage que jamais aucun personnage vienne à se perdre.

— Eh bien! le secrétaire, le séducteur enfin, repartit madame Bouvard.

— Ah! fit madame de Chabourot, ce petit malheureux cause de tout le mal, il s'embarqua, je crois, et est mort, nous a-t-on dit, aux colonies, mais, ce qui me reste à vous conter, — et ici vos intérêts se mêlent aux nôtres, — est peut-être ce qu'il y a de plus monstrueux dans toute cette affaire : imaginez-vous que votre infidèle, pendant qu'il essayait de vous faire croire à son attachement, pendant qu'il en recevait les plus généreuses marques, car on sait tous les services que vous lui avez rendus, songeant à briser tous les liens qui l'unissaient à vous, osait bien prétendre à épouser ma fille et mettait à M. de Chabourot et à moi le pistolet sur la gorge pour nous forcer à la lui donner !

— Tout s'explique, s'écria alors la délaissée, le froid toujours croissant du traître, ses procédés peu délicats, et enfin sa disparition.

— Vous dire les soucis qu'il nous a donnés, reprit madame de Chabourot, serait impossible ; un parti excellent s'était présenté pour ma fille, il nous a forcé de rompre ce mariage. A la suite d'un duel, résultat de son imprudence, venant s'installer chez nous, il a quasiment obligé mon mari à l'emmener avec lui et à lui faire donner la position qu'il occupe aujourd'hui ; enfin, nous en avons été réduits à bénir comme un bonheur une grave indisposition de ma pauvre enfant, qui nous a fourni un répit et nous a dispensés de donner une immédiate solution aux plus inexprimables prétentions.

— Mais, demanda madame Bouvard, est-ce que vous lui auriez jamais accordé la main de votre fille? J'aurais mieux aimé, moi, à la fin de tout cela, le laisser publier cette correspondance.

— C'est ce qu'il aurait bien fallu faire, en effet, si, persistant dans sa folie, et continuant de refuser les rançons de toute espèce que nous lui avons offertes, il nous avait poussés à bout ; mais la Providence, en nous révélant le lieu où il a caché ces fatales lettres, paraît enfin nous venir en aide à tous, et pour peu que nous sachions nous aider, de complicité avec le ciel, votre perfide peut en être pour sa courte honte.

— Vous avez, dites-vous, un projet où je je puis vous servir, si je suis en effet capable de vous aider à confondre ce Tartufe Honoré Bejears (1), vous pouvez disposer de moi, dit madame Bouvard avec exaltation.

— Plus je pense à mon plan, repartit madame de Chabourot, et plus je vous vois, plus j'en regarde le succès comme infaillible. Vous êtes justement de l'âge, du genre de beauté, de la fraîcheur appétissante, de l'esprit fin, adroit, de la charmante humeur, du ton excellent, le résumé enfin de ce qu'il faut pour tourner, quand vous le voudrez, la tête à un homme.

— On parlerait de vous, reprit madame Bouvard avec autant d'à-propos que de mo-

(1) Personnage de la *Mère coupable* de Beaumarchais.

destie, que l'on saurait à peine dire autant de choses flatteuses.

— Non, fit madame de Chabourot en insistant, je ne vous flatte pas, je suis un général qui passe la revue de ses troupes et qui n'a pas intérêt à se tromper lui-même sur ses ressources : ce que je viens de dire est à la lettre, et s'il vous prend parfois l'envie d'être coquette, vous devez être sûre de votre fait.

— Ah! je ne dis pas, dans ma plus belle jeunesse, que je n'aie été quelquefois trouvée passable, mais je n'ai plus quinze ans.

— Enfin, dit la baronne, je ne veux pas avoir le mauvais goût de vous fatiguer de compliments ; mais j'affirme simplement que dans les salons où je vais beaucoup, je n'ai pas rencontré trois femmes pouvant être plus dangereuses que vous, si le cœur vous disait de ce jeu.

— Cela vous plaît à dire, fit madame Bouvard, ne voulant pas avoir l'air de ratifier ce jugement, mais néanmoins ravie jusqu'au septième ciel dans le paradis de la louange.

— Ceci posé, continua la baronne, voici ce qui peut se faire. Ce M. Lambert ne vaut pas mieux que son ami M. Cousinot, et l'assistance qu'il lui prête mérite punition.

— D'autant mieux, repartit la maîtresse de pension, qu'il m'est revenu certains propos qu'il a tenus sur mon compte.

— Raison de plus pour le faire repentir; or, vous en avez tous les moyens : supposez-vous à Mantes faisant sa connaissance, et le rendant, par quelques agaceries, amoureux fou de vous.

— Oui, mais je ne suis pas à Mantes, et mes affaires me fixent à Paris.

— C'est selon, repartit madame de Chabourot; car, si demain, pour le succès de notre campagne, je vous faisais vendre avantageusement votre établissement, où c'est vraiment un meurtre de vous laisser enfouie, vous deviendriez libre de vous porter sur le point où nous devrions concentrer nos forces.

— D'accord, dit madame Bouvard, à laquelle cette ouverture ne déplaisait pas.

— Ce n'est pas tout, continua la baronne, comme il ne faudrait rien négliger pour tourner la tête à ce complice des fourberies de M. Cousinot, je vous désirerais installée dans la ville où il fait sa résidence, sur un pied de veuve, sinon opulente, au moins fort à son aise ; ayant une maison montée, une mise toujours élégante et du dernier goût, enfin tous les avantages extérieurs qui peuvent mettre en relief vos séductions personnelles ; car encore un coup, nous voulons faire voir bien du pays à M. le capitaine en retraite, et le forcer de se rendre à discrétion.

— Charmant rêve que tout cela, dit madame Bouvard, mais que ma fortune ne me permet pas de réaliser.

— J'ai parlé, repartit la baronne, d'une coalition, moi je me chargerais d'y représenter *l'or de l'Angleterre* ; en d'autres termes, je suis en mesure et au delà de fournir à toutes les dépenses de l'entreprise ; vous, vous y emploieriez vos charmes, votre habileté féminine, vous livreriez la bataille, en un mot.

— Mais, la bataille gagnée, demanda madame Bouvard, que nous en reviendrait-il ?

— Comment, vous ne voyez pas, répondit madame de Chabourot, où cela nous mène ? Une fois introduite dans la caverne où notre dragon garde le trésor de M. Cousinot, vous avez la clé de tous ses secrets, voire même celle de toutes ses armoires ; un beau jour vous l'endormez et à son réveil ce terrible Cerbère se trouve un dépositaire sans dépôt.

— Mais ne trouvez-vous pas la plaisanterie un peu forte ? demanda l'honnête hôtesse.

— Celle que je trouve forte, repartit la baronne, c'est la conduite dont M. Cousinot depuis plus de deux mois nous fait victimes ; c'est le vol qu'il a osé commettre de papiers à nous appartenant, c'est l'odieux abandon dont il a payé les bontés d'une femme aimable autant que dévouée, et quand je reprends mon bien où je le trouve, quand je force un malheureux égaré sur la pente d'une mauvaise occasion à se reconnaître et à revenir à celle dont il aura bientôt fait de se souvenir quand ses fumées d'ambition se seront dissipées, je vous jure, ma chère dame, que je n'ai garde d'éprouver un remords et je procède à cette justice d'une main aussi ferme que si j'étais un gendarme arrêtant un larron en flagrant délit.

— Mais pourquoi vous-même, auteur du plan, ne vous chargeriez-vous pas de l'exécution?

— Il y a mille raisons, repartit la baronne, pour que je partage les rôles ainsi que je le fais. D'abord je ne suis pas libre de mes actions, et en puissance de mari je ne pourrais guère, sans de graves inconvénients, prendre un rôle actif dans cette espièglerie, qui a pour principal objet d'ensorceler un vieux célibataire ; ensuite, pour le moment, je suis seule à Paris avec ma fille, que je ne puis décemment associer à une entreprise de ce genre ; et puis, étant par ma position sociale fort en évidence, connaissant immensément de monde, j'aurais d'énormes chances d'être bientôt éventée dans mon incognito, qui d'ailleurs donnerait occasion à mille commentaires scandaleux s'il était dévoilé par quelque hasard malheureux. Vous, au contraire, chère Madame, vous êtes libre, ne devez de compte à personne et n'avez pas charge d'âme. Demain, vous vous défaites de votre établissement et vous retirez en province ; il n'y a là rien que d'expliqué et de naturel. D'ailleurs votre position, selon les idées reçues, est dix fois favorable. Admettons que la chose se découvre, vous êtes une femme qui se venge ; il n'y a qu'indulgence et intérêt pour cette courageuse résolution. Moi, je suis une pauvre mère en quête de l'honneur de sa fille. Elle n'avait qu'à la mieux garder d'abord, dira-t-on de toutes parts, car voilà le monde et ses jugements.

— Je ne nie pas que vos raisons soient

très bonnes, mais je trouve cependant que l'entreprise mérite réflexion.

— Oh ! bien donc, réfléchissez, belle scrupuleuse, dit madame de Chabourot en se levant pour prendre congé et n'avoir point l'air d'être trop empressée à la conclusion ; je dois cependant vous dire, ajouta-t-elle, trouvant moyen de donner un air élevé et délicat au plus positif des arguments, que, dans le cas où vous vous décideriez à me seconder, pour rien au monde je n'accepterais votre dévouement, si vous ne me permettiez, succès ou non, de le reconnaître d'une façon qui augmentât votre aisance, sans d'ailleurs distraire un atôme de la mienne. On nous reconnaît généralement de 50 à 60,000 livres de rentes, et je ne crois pas qu'on se trompe de beaucoup ; vous comprenez que sur un revenu pareil, on peut prendre, sans se gêner, les frais de sa reconnaissance. Ainsi, partez de cette idée, qu'il n'y a rien de conclu si vous ne voulez pas être traitable sur cet article.

Cette considération étant de celles sur lesquelles il y a rarement, pour un négociateur, du danger à laisser la conversation, madame de Chabourot, ayant ainsi parlé, acheva de lever la séance, et sans plus rien ajouter, elle sortit.

XII.

Il faut croire que les flatteries, les arguments et les promesses de madame de Chabourot, combinés du désir de vengeance qui était au cœur de madame Bouvard, parvinrent à triompher assez facilement des scrupules de celle-ci ; car, huit jours après la conversation qui vient d'être rapportée, au coin du feu du capitaine Lambert, entre ledit capitaine et cet adjoint de la mairie qui avait accoutumé de venir faire son piquet, avait lieu le devis suivant :

— Non, il y a des gens heureux, disait l'adjoint ; ma maison, qui est située au centre de la ville, ne se loue pas, tandis qu'une bicoque plantée dans un quartier perdu, comme est le vôtre, sans vous offenser, se trouve colloquée à un très bon prix.

— Perdu ! perdu, repartit le capitaine ; ce quartier-ci a bien ses avantages, quand ce ne serait que de n'y presque pas entendre le carillonnage des cloches.

— Ah ! voilà une belle commodité que d'être loin de l'église, pour une femme surtout qui en use, car on dit que votre voisine a fait hier une sensation de tous les diables à la grand' messe par une tenue des plus flambantes ; il est vrai aussi que le temps d'organiser cette toilette, joint à l'avantage d'avoir un long trajet à faire.... elle est arrivée à l'*Agnus Dei*.

— Eh bien, si une demi-messe lui suffit, à cette femme, dit très peu dévotement le capitaine.

— C'est justement ce qui vous trompe, car elle a entendu la fin de la grand'messe, et la messe militaire tout entière.

— Je ne blâmerai jamais une femme, repartit le capitaine, d'aller à la messe militaire ; qu'on nous y fasse aller, nous, c'est pitoyable ; mais quand nous y sommes, que les femmes y viennent pour nous contempler et pour entendre notre musique, je trouve qu'elles ont parfaitement raison ; d'ailleurs, comme a dit notre Béranger :

Qu'on puisse aller même à la messe,
Ainsi le veut la liberté.

— Tout ça, reprit l'adjoint, ce sont des questions religieuses qui ne font pas que les maisons se louent ; et puisque cette belle étrangère vient, dit-on, s'établir dans le pays, elle aurait beaucoup mieux fait de s'arranger de la mienne que de venir s'exiler ici.

— Mais vous comptez donc pour rien l'agrément de mon voisinage ? fit gaîment le capitaine.

— Avec ça que vous êtes un galantin, repartit l'adjoint, et que les femmes vous occupent beaucoup !

— Plus que vous ne pensez, mon cher, repartit Lambert. Tant que j'ai été torturé de cette maudite blessure, je ne dis pas ; et la Vénus de Médicis elle-même aurait perdu son temps à me faire les yeux doux ; mais depuis que l'ami Cousinot m'a délivré, depuis surtout que j'habite ce pays-ci, je ne sais pas si c'est l'air vif qu'on y respire, si c'est l'exercice que je prends à bêcher et à arroser, mais le fait est que je me sens des idées de jeunesse, et qu'il y a chez moi comme un regain.

— Voyez vous ça, fit l'adjoint, eh bien ! voilà une occasion, lancez-vous auprès de cette madame Delaunay.

— Elle s'appelle madame Delaunay ? demanda le capitaine.

— Madame Delaunay, n-a-y, repartit l'adjoint épelant la dernière syllabe ; elle est veuve, on la dit à son aise, ainsi c'est un parti.

— Ah ça, mais, dit Lambert, j'ai connu un Delaunay chef de bataillon dans la jeune garde, et qui a péri au passage de la Bérézina, si elle allait être la veuve d'un frère d'armes.

— C'est possible à toute force, répondit l'adjoint, mais les Delaunay c'est comme les

Lefebvre et les Regnier, les rues en sont pavées.

— Ce Delaunay, continua Lambert, — n'abandonnant pas sitôt son idée, était un des hommes les plus braves qu'on ait jamais vus : grand, beau garçon, joueur comme les cartes, et sachant se faire bien venir des femmes ; c'était là un séducteur ! Un beau matin, pendant un congé de convalescence qu'il avait obtenu à la suite d'une blessure, il s'éprend d'une demoiselle qui pouvait bien avoir cinq à six mille livres de rente, ce qui était joli pour un officier de fortune comme lui ; en un tour de main il vous l'épouse, passe trois mois avec elle, la laisse à moitié mère, puis, comme tant d'autres, s'en va mourir au milieu des glaces de la Russie. Je ne serais donc pas du tout étonné quand ce serait sa veuve que nous aurions ici.

La conclusion du capitaine, comme on

peut le voir, n'était nullement rigoureuse, et son ami l'adjoint ne manqua pas de le lui faire remarquer; mais notre Lambert appartenait à cette classe assez nombreuse de monomanes, fléau de la conversation, devant lesquels vous ne sauriez prononcer un nom propre sans qu'aussitôt ils essaient de l'enregimenter dans le cercle de leurs connaissances présentes ou passées. Il insista donc, et après avoir commencé par dire que sa voisine pouvait être la veuve de son chef de bataillon de la jeune garde, la contradiction le poussant, il en vint à soutenir qu'elle *devait* être cette veuve, et enfin qu'il était impossible qu'elle ne le fût pas.

Cette discussion, qui se prolongea plus qu'il n'était probable, eut pour Lambert un assez grand inconvénient, c'est qu'elle commença de lui mettre en tête cette femme qui, justement, cherchait à avoir accès dans son attention, et qu'elle lui créa une sorte de prédisposition lointaine à être victime de l'enlacement qu'elle méditait contre lui.

Du reste, madame Bouvard n'avait pas eu l'heureuse inspiration de tomber dans la donnée qui l'aurait le plus naturellement recommandée aux sympathies du capitaine. Non seulement elle ne s'était pas faite la veuve du Delaunay mort à la Bérézina, mais elle n'avait rien admis de militaire dans le roman qui constituait sa position nouvelle. Moitié souvenir du théâtre, où l'on sait le grand rôle que jouent les provenances d'Amérique, moitié commodité plus grande pour mentir en arrivant de loin, elle s'était faite veuve d'un colon ; ce qui lui avait permis, détail assez agréable à son amour-propre, d'avoir une femme de chambre mulâtresse, qui ne pouvait manquer de faire une grande sensation dans la petite ville où elle prenait résidence. Un domestique et une cuisinière complétaient la maison que lui avait montée madame de Chabourot.

Au moyen de Marguerite sa servante qui se mit rapidement en rapport avec les nouveaux venus, le capitaine ne tarda pas à savoir les antécédents que se prêtait madame Delaunay; mais, comme à ce moment il avait entrevu cette aimable voisine et qu'elle s'était trouvée fort à son gré, le démenti qu'elle lui donna touchant l'aperçu préventif et mal justifié qu'il avait eu d'elle ne la lui déprécia pas sensiblement, et il continua de rester un terrain assez bien préparé pour que la complice de la baronne y semât avec succès la fleur vénéneuse de ses avances.

Cependant rien ne s'était dessiné encore et aucune sérieuse attaque n'avait été dirigée contre le cœur du capitaine; madame Bouyard, avec la grande expérience qu'elle avait des règles de la stratégie amoureuse, n'ayant pu penser à brusquer les approches et à se jeter à la tête de l'homme sur lequel elle avait besoin de poser solidement la main. Quelques apparitions mesurées et habiles faites à une fenêtre, deux ou trois rencontres dans la rue arrangées de manière à ce qu'on ne pût y deviner d'autre entremise que celle du hasard et traitées d'ailleurs avec une réserve et une modestie parfaites, tels avaient été jusque là les seuls moyens de séduction essayés contre Lambert, et, d'après ce qui a été dit précédemment du manque absolu d'habitude et des façons empruntées qu'il apportait au commerce des femmes, on peut supposer que ces insignifiantes escarmouches se continuant, bien du temps se fût écoulé avant qu'on pût avoir avec lui quelque sérieux engagement.

Heureusement l'arrivée dans la ville de

Mantes d'une troupe de comédiens ruraux qui vinrent y donner quelques représentations, facilita à madame Delaunay une expression mieux saisissable de ses intentions bienveillantes. Après avoir eu le soin de s'assurer qu'il ne se trouvait parmi les acteurs qu'elle allait honorer de sa présence aucun ancien camarade à elle, pouvant la reconnaître et éventer son incognito, la belle créole, dans tout l'éclat de la plus splendide toilette, se rendit au théâtre, espérant que de son côté le capitaine y viendrait, et qu'elle aurait là une occasion commode et naturelle de se dévoiler à lui. Le calcul était juste : Lambert, dans une pensée beaucoup plus vague, mais néanmoins assez sympathique, de se rencontrer avec sa voisine, donna dans le piège de ce rendez-vous tacite, et voilà bientôt les deux champions de cet amoureux duel, face à face dans une loge, n'étant séparés que par la largeur du parterre et se mesurant des yeux.

Rendu courageux par la distance, Lambert usa assez franchement de sa bonne fortune et son regard mit à solliciter celui de madame Bouvard plus d'insistance audacieuse qu'on n'aurait pu l'attendre d'un timide amoureux comme lui ; mais celle-ci ne fit pas la faute de répondre directement à cette provocation. Qu'il y avait une habileté bien autrement enivrante dans son manège de prendre le temps où le capitaine s'absentait de sa contemplation, pour le faire à son tour l'objet d'une attention furtive! puis, au moment où il revenait à la charge, au confluent pour ainsi parler de leurs deux regards, dans une certaine manière de baisser précipitamment les yeux, en simulant le pudique désordre d'une femme qui s'est laissée surprendre et qui s'en veut de s'être mal gardée !

Continuée pendant toute la durée du spectacle avec assez d'adresse et de naturel pour qu'on ne pût le soupçonner de préméditation, cette tactique donna à plein dans le cœur du pauvre Lambert, et y excita le trouble des plus séduisantes espérances et des plus douces émotions ; il vit même le moment où il était décidé, pour le moment où finirait la représentation, à s'approcher de son enchanteresse et à lui offrir son bras pour la reconduire chez elle ; manière un peu osée et cavalière d'entrer en connaissance ; mais que la circonstance de leur voisinage suffirait à justifier. C'était là un très beau projet sans doute, et très facile à exécuter ; il n'y fallait qu'un peu de cœur. Le mal fut que justement notre séducteur ne sut comment s'y prendre le moment venu : s'étant placé sur le passage de sa déesse et le courage commençant de lui manquer, il capitula avec lui-même et se dit qu'il ne lui parlerait qu'autant qu'elle l'y encouragerait par un regard : or, étant d'observation que les femmes qui risquent assez volontiers le langage des yeux à distance, n'osent pas le continuer et le rengaînent chastement à bout portant, il devait arriver que madame Bouvard, jouant le rôle d'une beauté pudibonde, n'aurait pas même l'air de faire attention à lui ; ce que voyant, notre innocent, moitié désappointé, moitié heureux d'être dispensé d'aller à l'abordage, laissa au domestique, qui était venu chercher sa belle, le soin de la ramener ; pour son compte il se contenta de marcher derrière elle et de la convoyer de loin jusqu'à son logis.

Le lendemain pas de spectacle ; on ne jouait que de deux jours l'un ; et durant toute la journée, une pluie battante qui interdisait toute espérance de voir madame Delaunay à sa fenêtre ou de la rencontrer hors de chez elle. Il fallut donc que l'amoureux prit patience, et il va sans dire qu'à ce contre-temps, sa fantaisie, déjà ardente, ne se refroidit pas.

Une journée encore passée dans le néant de toute bonne occurrence, vint enfin l'heure du spectacle où Lambert ne fut pas l'un des derniers à se rendre. Mais la misère ! madame Delaunay n'y est pas venue.

Un acte, deux actes s'écoulent ; plus d'espérance de la voir ce jour-là. A la fin cependant, la porte de sa loge restée vide s'ouvre avec bruit. Le capitaine, qui tâchait, pour se distraire, à s'occuper de ce qui se passait sur la scène, tourne vivement la tête, et nous croyons même, s'il était franc, qu'il avouerait un léger battement de cœur, ayant à ce moment agité sa poitrine. *Bone Deus!* c'était bien la peine de s'émouvoir ; c'est l'ouvreuse qui se trompe de porte et referme aussitôt la précieuse loge qui reste vide, comme précédemment.

A ce coup, Lambert achève de perdre courage ; il se dit que cette *femme* est une coquette qui a passé une soirée à s'amuser de lui ; en même temps, il trouve que les acteurs chantent faux, — ce qui était vrai, eût-il été en amour l'homme le plus heureux du monde ; — que les quinquets fument, que la pièce est détestable, que la salle est à moitié déserte, et, honteux de lui-même, il se décide à quitter cette funeste enceinte, et à n'y pas continuer plus longtemps sa douloureuse attente. Mais qu'on voie un peu le caprice de sa destinée! Comme il était déjà dans la rue, il croit reconnaître au bras d'un homme celle qui lui avait fait si cruellement faux bond ; elle se dirige vers le théâtre, et y entre accompagnée de son cavalier. Grand combat dans le cœur du malheureux Lambert qui, un instant avant, jurait d'oublier sa cruelle et de ne plus faire un pas pour elle ; volera-t-il sur sa trace, ou tiendra-t-il le serment qu'il vient de se faire à lui-même ? La considération de cette compagnie masculine dans laquelle il l'a surprise lui servant d'aiguillon, il retourne en arrière, et, ne fût-ce que pour voir quelle est cette rivalité qui semble se révéler à lui, il va rentrer dans la salle ; mais autre désagrément, il n'a pas pris de contremarque, et le voilà engagé avec le contrôleur dans une ridicule discussion. A la fin, il prend le parti de payer une seconde fois sa place, et se réintègre dans la loge qu'il venait de quitter.

C'était bien là le cas, à ce qu'il lui semblait, pour l'aimable veuve, de s'apercevoir de sa rentrée, qui, ayant lieu la toile levée, avait fait sensation, et de montrer à quelque signe imperceptible qu'elle avait remarqué sa présence. Mais, ayant décidé ce soir-là qu'elle traiterait l'ensorcellement de Lambert par la jalousie, affectant d'être engagée dans une vive conversation avec *le monsieur* qu'elle veut lui faire tenir pour un rival, bien qu'il soit simplement un négociant de la ville chez lequel elle a un crédit ouvert, et qui lui a fait la politesse de l'inviter à dîner, seule de tous les spectateurs, elle n'a pas tourné la tête vers le capitaine au bruit qu'il a fait en reprenant sa place. Pendant tout le reste de la soirée, c'est en vain que, les yeux cloués sur son insensible idole, il cherche à surprendre un regard ; le spectacle et son cavalier absorbent toute l'attention de la dame qui ne semble pas le reconnaître, et n'en fait pas le moindre état ; grande leçon, du reste pour ces temporiseurs *(Fabii cunctatores)* de la guerre amoureuse, lesquels, allant leur pas et ne trouvant jamais les occasions mûres, s'imaginent qu'une beauté n'a qu'à attendre leur loisir et leur courage de se déclarer. Ce qui arrive aujourd'hui à notre capitaine arrivera de même à tout lanterneur qui ne finira pas de marchander avec ses bonnes fortunes ; pendant qu'il tient conseil et délibère, le monde, il faut bien qu'il le sache, continue de marcher, et lorsqu'enfin il a pris sur lui d'oser et de vouloir, il est tout étonné de trouver la place prise par un autre plus alerte et plus décidé. Seulement, ce qui n'est qu'un jeu joué avec Lambert pour le décider à aboutir, sera ailleurs une réalité fort douloureuse et dont il n'y aura plus à appeler. Les femmes, en effet, n'aiment pas qu'on fasse faire antichambre à leur bonne volonté ; c'est leur heure qu'il faut prendre et non la nôtre, autrement bon soir à la conquête, et comme dit Werther : « Un autre enlève la belle, et voilà le nigaud resté avec de grands yeux et un air stupide. »

Furieux de jalousie, Lambert s'était bien promis, le spectacle finissant, de laisser madame Delaunay aux soins de sa nouvelle conquête et de ne pas prendre à la sortie, plus de souci d'elle que si elle eût été le souffleur ou la duègne de la troupe ; mais la Providence, qui tient dans ses mains nos résolutions grandes et petites, arrangea on ne sait comment qu'au détour d'un corridor il se trouva face à face avec son inhumaine, et soit caprice, soit que, se sentant gardée et au bras d'une homme, elle ne craignît pas les suites de cette bonté provocatrice, la voilà qui dépose en passant sur le désolé capitaine un long regard dont elle le pénètre jusqu'au cœur. Soumis à une fascination irrésistible, il est entraîné sur les pas de son inhumaine, et marchant discrètement à distance, à la lueur du fallot que porte devant elle le domestique de l'aimable veuve, il a l'inexprimable joie de la voir deux fois durant le trajet du théâtre à sa maison se retourner vers lui. Oh! alors il n'envie plus le bonheur de l'accompagner officiellement, la divine créature, car son rôle à lui est bien le meilleur, et par cette tacite complaisance à établir avec lui une intelligence mystérieuse, elle détrône en réalité son garde-du-corps avoué pour transporter à son chevalier de contrebande la couronne de son attention. Arrivée à la porte de sa maison, elle achève, en prenant presque aussitôt congé de celui qui l'a ramenée, de prouver qu'il ne lui est qu'une simple connaissance, et laisse l'heureux Lambert autorisé à croire et que décidément il a été remarqué et qu'il n'est pas le trop mal venu.

XIII.

Qu'on est enfant! s'écrie en un autre endroit Werther lorsqu'il raconte la joie dont l'a transportée une innocente faveur qu'il a reçue de Charlotte, et nous, à plus forte raison, nous disons : Qu'on est enfant! en voyant une barbe grise, un homme, que son âge et une ordonnance insérée au *Bulletin des Lois*, sembleraient devoir mettre à l'abri des jeunesses de l'amour, ayant perdu le dormir parce qu'une femme s'est retournée deux fois durant le temps qu'il marchait derrière elle, et depuis ce moment, sur ce canevas, s'occupant à broder l'avenir en merveilleuses arabesques, complotant des lettres galantes, de tendres rencontres, des déclarations passionnées, en un mot, les moyens de se mettre en pleine possession du bonheur dont il entrevoit l'aurore et dont il caresse le rêve doré.

Du reste, ce fut là autant de style, d'éloquence et d'habiles projets dont il aurait pu s'épargner les frais, car son heure était venue sans qu'il eût la main à y mettre ; madame Bouvard, une fois assurée de l'impression qu'elle avait produite, était décidée à ne pas le tenir plus longtemps aux enivrantes bagatelles de la porte, et à l'introduire décidément dans le sanctuaire de ses bonnes grâces.

Le jour suivant, qui fut une belle matinée du mois de mars, Lambert était dans son jardin, mêlant la fumée de sa pipe aux tièdes bouffées de cette douce senteur végétale qui se répand dans l'air aux approches du printemps; à l'unisson de l'harmonie générale qui faisait tout germer et tout sourdre autour de lui, il sentait la sève s'agiter dans tout son être, disposé, si jamais on le fut, à bien recevoir un message d'amour; quand sa servante vint lui apporter une lettre que la femme de chambre de madame Delaunay lui remettait au moment même, demandant la réponse qu'il aurait à y faire.

On comprend l'empressemet du capitaine à décacheter cette épitre écrite sur un papier rose parfumé : elle contenait ce qui suit, orthographié comme dessous :

« Monsieur,

« J'ador les fleures dont un ancien auteur a dit dans ses poisies qu'elle sont le rejeard de Dieu. Votre geardin est raiputé à tous les écôts d'alentour comme le plus soigné de tout Mante. C'est çurtout les geacintes et les tulipe qu'on dit que vous avait extror-dinères aux autres et supérieures à M. Tripez (1). Je sais que vous n'aite pas gardinier fleuriste et que votre aita n'aît pas d'en vandre. Commant fère se pandant, pour avoir de vos ognons ! moi qui voudrês tant en havoir pour metre dans des vases de porse-lène de Saxe que geai sur ma cheminé ? Vandez en rien qu'une foi Monsieur, par charité, c'est une voizine qui vous en pris dont ce titre l'au-

(1) Jardinier du temps, célèbre par les plantes bulbeuses.

thorise à la liberté de vous aicrire et recevez mes salutation bien sinsère.

« Femme Delaunay. »

Immédiatement, le capitaine se mit à son secrétaire, et il s'en voulut bien à lui-même de ne se trouver pas mieux monté en *papier-poulet* qu'il ne l'était dans ce moment. Après avoir brouillé deux ou trois feuilles, sans arriver à se satisfaire, sentant que la messagère attendait, et qu'on trouverait ridicule de le voir passer une demi-heure à écrire quatre lignes, il s'arrêta à la rédaction suivante, quoiqu'il n'en fût pas absolument content.

« Non, Madame, non, je n'en vend pas; j'en donne; mais pas à tout le monde, et je fais mon choix. Pour une femme aimable, jamais elle ne sollicitera en vain, de moi, une fleur qui est, comme le dit si bien votre tueur, le regard de Dieu. J'irai moi-même, a si vous le permetté, vous porter un choix de mes tulipes, en vous priant de l'agréer.

« J'ai l'honneur d'être avec respect, Madame, votre très humble serviteur,

« Joseph LAMBERT,
Capitaine en retraite, chevalier de la Légion-d'Honneur.

Quoique bien et dûment autorisé à cette démarche, ce ne fut pas sans un certain embarras qu'après avoir donné à sa toilette un soin inaccoutumé, Lambert, portant dans un cornet quelques précieux échantillons de son industrie horticole, se présenta chez madame Bouvard qui, de son côté, l'attendait.

Après avoir commencé par se confondre en remercîments et en excuses, la Circé, qui sentait le besoin de traverser rapidement le régime des vagues soupirs pour arriver à la cour en règle, et à cette intimité dans laquelle elle devait trouver les moyens d'exécuter son traître projet, commença d'aborder franchement la question, et, mettant presqu'aussitôt la conversation sur le ton de la galanterie, elle ménagea à Lambert trente occasions simples et faciles de se déclarer.

Tantôt elle parlait d'un certain goût naturel qu'elle avait toujours eu pour la société des militaires ; de leur franchise, de leur caractère gai et ouvert, de leur empressement aimable auprès des femmes, de la solide protection qu'ils savent leur accorder. Tantôt elle déplorait la virginité d'un cœur que, disait-elle, son mari n'avait jamais possédé, et qu'elle eût été si heureuse de donner à un homme qui l'aurait comprise; puis elle avait des phrases anciennement faites sur les tristesses de l'isolement, sur l'attraction instinctive, sur les sympathies subites que l'on se sent pour certains êtres; mais au lieu de s'approprier cet épanchement, notre bon Lambert, emprunté comme un *prix d'honneur* à sa première bonne fortune, laissait flotter dans la généralité tout ce tendre lieu commun à son adresse, manquait chaque transition et chaque ouverture qui lui était faite, et

<blockquote>
A tous ces beaux discours était comme une pierre,
Ou comme la statue est au festin de Pierre.
</blockquote>

Lors donc qu'à la première rencontre il aurait pu se mettre sur le pied de soupirant révélé et accueilli, il resta dans les termes d'une connaissance à l'état d'ébauche, et ce ne fut qu'après un détour beaucoup plus long qu'il commença à sortir de cette sotte timidité où il s'était tout d'abord engravé.

Nous ne le suivrons pas dans ses longs méandres, la peinture des naïves gaucheries à l'aide desquelles il trouvait incessamment le moyen d'ajourner son bonheur menaçant de devenir monotone, et la noire pensée de trahison qui plane sur ses amours de lycéen, ayant d'ailleurs dérobé d'avance à la peinture qui aurait pu en être faite, la plus grande partie de son charme. Suffit de dire qu'après avoir montré une assez opiniâtre habileté à se faire pendant longtemps le bourreau des meilleures occasions, le pauvre homme, grace à une sorte de violence qu'exerça sur lui madame Bouvard, en vint pourtant, que bien que mal, à s'expliquer sur l'état de son cœur. Prenons donc son aveu pour fait, et voyons-le enfin dans la position de soupirant déclaré autour de laquelle il tournait depuis longtemps.

Dans cette situation nettement définie, il parut mieux à son avantage, et tout ce qu'il y avait en lui de probité et de chaleur d'ame sa bonne humeur, ses sentiments d'honneur, son dévouement à ses amis, sa disposition à compatir au malheur et à lui venir en aide, en un mot une foule de qualités solides et estimables, eurent occasion de se révéler à madame Bouvard au moyen du commerce réglé qui s'établit entre eux ; et véritablement la complice de madame de Chabourot eut plus d'une fois besoin de se remettre en mémoire le point de départ et le but principal des rapports qu'elle était parvenue à établir avec ce bon et honnête homme, pour ne pas lui laisser prendre dans son cœur la place qu'y perdait insensiblement le traître Cousinot.

Il suivit de là que la comédie qu'elle jouait auprès du pauvre Lambert ne fut presque plus une comédie, et que, remplissant avec une vraisemblance qui ressemblait de très près à la vérité, le rôle d'une femme qui chaque jour s'éprenait davantage, elle en vint à l'ensorceler d'une si étrange sorte, que l'amour du malheureux ne connut plus de bornes, et le poussa aux dernières extrémités.

Ne se sentant ni l'audace ni l'habileté nécessaires pour dépasser le point où il avait amené sa bonne fortune, cependant que le contact journalier des charmes dont il enviait la possession, l'embrâsait des *feux* les plus ardents, l'imprudent et infortuné capitaine ne vit qu'un moyen d'en finir, ce fut de demander à la légitimité le dénouement qu'il n'osait pas attendre de l'Amour ; considérant donc qu'il jouissait d'une honnête aisance : que sa position sociale et son nom, sans être fort relevés, étaient cependant honorables ; considérant que, malgré ses cinquante-six ans, il était pourvu d'une santé vigoureuse et florissante qui ne lui défendait nullement l'espérance d'avoir, comme les héros de contes de fée, *de nombreux enfants* ; considérant que de son côté madame Delaunay vivait sur un pied qui supposait quelque fortune qu'elle paraissait lui montrer un vif attachement; qu'il existait entre eux des rapports d'âge et d'humeur, gages assurés de la plus heureuse union; considérant enfin que c'était là un moyen de fixer et d'éterniser dans sa vie le bonheur incomplet et provisoire dont il jouissait dans le moment; PAR CES MOTIFS, il proposa à l'aimable veuve de convoler avec lui en secondes noces et de l'accepter pour époux.

Cette proposition donna beaucoup à penser à madame Bouvard, car le capitaine était pour elle positivement ce qu'on appelle un bon parti, et quand même, au titre de soupirant, il n'aurait pas commencé de trouver grace devant elle, au titre de mari sa recherche méritait la plus sérieuse attention; aussi, son premier mouvement fut-il de l'accepter. Mais en y réfléchissant bien, il se présentait à cette heureuse occasion de *faire une fin* plus d'une difficulté.

Pouvait-elle penser raisonnablement à mener de front un mariage avec Lambert et la trahison qu'elle méditait contre lui? Évidemment il n'y avait à ce malhonnête arrangement aucune prudence, car il engageait l'avenir de la façon la plus dangereuse, son mari ne devant jamais lui pardonner un si monstrueux procédé quand il viendrait à en être instruit. D'un autre côté engagée vis à vis de madame de Chabourot, tenant d'elle la plus grande partie de cette aisance qui était peut-être une des raisons déterminantes de la résolution du capitaine, madame Bouvard devait-elle songer à rompre avec les bienfaits intéressés de la baronne, et se réduire à son avoir personnel? Dans cette situation était-elle sûre que son futur persisterait à la vouloir pour femme, et que, la dot venant à décroître, son amour ne subirait pas une égale dépression ?

Après avoir bien réfléchi aux embarras de cette situation complexe, madame Bouvard vit bien qu'il fallait faire une option, et de nécessité sacrifier madame de Chabourot à Lambert, ou Lambert à madame de Chabourot. A la fin se décidant à tout jouer sur la carte du mariage, elle dit au capitaine qu'elle était singulièrement honorée de sa recherche, mais que sans doute il cesserait d'y persister quand il saurait que son bien-être, notablement diminué par des pertes récentes, était loin d'être aussi considérable qu'il avait pu le supposer.

Cette objection fut repoussée de la manière la plus noble par le capitaine qui répondit qu'un mariage n'était pas pour lui une affaire de bourse, et qu'ayant déjà rigoureusement à lui seul de quoi soutenir honorablement un ménage, le peu que de son côté sa femme pourrait avoir était tout bénéfice, et qu'il n'y regardait pas.

Quand madame Bouvard vit la généreuse manière dont en usait le capitaine, touchée d'un désintéressement si rare et flattée plus qu'on ne saurait dire de se voir ainsi voulue pour elle-même, elle n'hésita plus à prendre parti contre madame de Chabourot; et, après l'avoir minutieusement, et presque jour par jour, tenue au courant des progrès qu'elle faisait auprès de Lambert, et lui avoir sans cesse fait espérer le succès de leur entreprise, changeant tout à coup de ton, elle lui marqua dans une dernière lettre que décidément elle trouvait à l'exécution de leur projet des difficultés insurmontables; que Lambert était un homme incessamment sur ses gardes, et qui n'était attaquable par aucun côté; en conséquence, elle priait la baronne de ne plus compter sur elle comme, de son côté, elle cesserait de prétendre à la réalisation des avantages qui lui avaient été promis.

En recevant cette lettre, madame de Chabourot conçut quelque soupçon, car il n'était pas naturel que, sans s'être entendue avec elle, sa complice déclarât renoncer aussi lestement à leur commune entreprise. Elle fit donc prendre, sous main, à Mantes, quelques informations, et le fait du mariage, qui avait commencé de s'ébruiter, lui fut facilement révélé.

Comprenant alors la trahison dont elle était menacée; blessée dans son amour-propre et dans le plus cher de ses intérêts, elle entra dans une grande colère, et se demanda si elle serait jouée par une femme de l'espèce de madame Bouvard, et si tout le fruit de la découverte qu'elle avait faite en la personne de Lambert se trouverait perdu pour elle ? A aucun prix elle ne pouvait admettre un dénouement si misérable. Appliquant donc toutes les forces de son esprit à réparer la défection dont elle était victime, elle s'occupa plusieurs jours durant, à trouver quelque habileté qui la remît en possession d'un succès qu'elle avait cru facile, et qui était près de lui échapper. La fertilité de son imagination et l'audace ordinaire de ses conceptions ne pouvant lui faillir en une occasion aussi importante, elle finit par arrêter un plan dans lequel elle prit quelque confiance ; pour ce qui est de l'exécution, on verra comment elle s'y prit, si l'on veut bien lire le chapitre suivant.

XIV.

Un soir que les futurs époux avaient dîné en tête à tête, ils étaient occupés dans le salon de madame Bouvard à parler de leur prochaine union, quand leur entretien fut tout à coup interrompu par le bruit d'une voiture qui s'arrêtait devant la maison, et par celui de la sonnette qui retentissait presque au même moment : la femme de chambre ouvrit la porte du salon, et, au grand étonnement de madame Delaunay, elle annonça madame Bouvard, c'est-à-dire madame de Chabourot.

La position de la vraie madame Bouvard était celle de Sosie dans *Amphytrion*; elle se voyait en sa présence même, et parlant à sa personne, dérober son nom et son *moi*; aussi, révoltée de cet excès d'audace, pensa-t-elle éclater tout d'abord et démasquer l'imposture; mais, comprenant presque aussitôt que d'une parole la baronne pouvait rompre son mariage, elle dut se contenir et attendre en silence la suite de la scène assez bizarre qui commençait.

—Mon Dieu ! Madame, fit la baronne, s'adressant à la maîtresse de la maison, vous me pardonnerez de venir jusque chez vous relancer le capitaine Lambert; mais j'ai des choses si graves et si urgentes à lui dire, que j'ai dû passer par-dessus toutes les convenances pour le joindre sans retard. Monsieur, ajouta-t-elle en montrant Lambert, est sans doute celui que je cherche ?

—Moi-même, repartit Lambert, paraissant assez peu flatté de la visite; qu'y a-t-il pour votre service ?

— Il est vraiment étrange, reprit madame de Chabourot, que j'en sois réduite à demander si c'est à vous que j'ai l'honneur de parler, car notre ami commun, Cousinot, nous a si souvent parlé l'un de l'autre et nous avons eu de si fréquentes occasions de nous rencontrer dans sa chambre où j'allais lui faire quelques petites visites de contrebande, que c'est une sorte de miracle que nous ne nous connaissions pas.

Madame Bouvard sentit redoubler sa colère en entendant la façon plus que leste dont son autre elle-même parlait de ses rapports avec Cousinot, et faisait les honneurs de sa vertu. Néanmoins il fallait boire ce calice. Elle continua donc de garder le silence, étant d'ailleurs très inquiète de savoir la manière dont cette mascarade tournerait. Quant au capitaine, médiocrement empressé d'étaler, en présence de sa future, qu'il trouvait, lui, une femme de bonne compagnie, une accointance à son avis assez compromettante, il ne répondit à cette espèce de politesse qu'en priant celle qu'il croyait madame Bouvard, de vouloir bien le suivre jusqu'à son logis, qui était tout proche, afin de lui expliquer l'objet de sa visite.

— Du tout, fit la vraie madame Bouvard, vous pouvez rester ici, et c'est moi qui vais quitter la place, si les choses que madame a à dire sont de telle nature que je ne doive pas les entendre.

— Sans doute, dit madame de Chabourot, ce que j'ai à dire est d'une nature très secrète, mais je ne pense pas qu'au point où vous en êtes avec le capitaine il ait rien de caché pour vous. J'ajouterai d'ailleurs qu'il s'agit de prendre un parti où les conseils, peut-être même l'assistance d'un ami, ne seront pas inutiles, je préférerais donc que notre conférence vous ait pour témoin.

La question ainsi posée, Lambert, qui d'ailleurs avait remarqué dans l'accent et les paroles de sa future un certain mécontentement de la mystérieuse allure de cette visite, ne crut pas devoir insister sur un tête à tête avec la fausse madame Bouvard, et il l'engagea à s'expliquer sans plus de délai.

Ainsi autorisée, la baronne reprit : C'est

toujours à l'occasion de cette terrible affaire de Cousinot que j'ai voulu vous parler.

— Quelle affaire ? demanda le capitaine, croyant être bien sûr que le dépôt fait entre ses mains était resté inconnu de madame Bouvard.

— Eh bien, répondit madame de Chabourot, cette méchante histoire de papiers de famille dans laquelle notre ami a voulu s'embarquer et où vous êtes aujourd'hui mêlé.

— Vous m'étonnez, Madame, repartit le capitaine, j'aurais cru que vous ne saviez rien de pareil.

— Ah ! que voilà bien Cousinot, dit alors la baronne, il n'a pas voulu vous avouer qu'il m'eût montré cette confiance et a prétendu vous en faire à vous seul la bonne bouche, comme s'il y avait des secrets pour la femme que l'on aime ; je vois bien maintenant pourquoi lors de votre voyage à Paris, pendant ses arrêts, il affecta de ne me point faire rencontrer avec vous.

Le capitaine avait commencé par avoir une vague et lointaine pensée que la femme qui était là devant lui pouvait être une intrigante, empruntant le nom de madame Bouvard et venue pour lui soutirer les papiers; mais quand il l'entendit parler de menus détails à elle tellement personnels, il prit plus de confiance, et revenant au fonds de la question, demanda encore un coup quelles étaient les révélations que l'on avait à lui faire.

— Vous avez dernièrement reçu une lettre anonyme vous annonçant une visite domiciliaire? fit madame de Chabourot.

—Oui! repartit Lambert, reprenant aussitôt son doute touchant la sincérité du personnage de son interlocutrice, qui n'aurait pas dû, ce semble, connaître ce détail qu'il n'avait confié à qui que ce soit. — Et à supposer que cela fût ? demanda-t-il.

— Il n'y a pas de supposition, cela est, repartit la baronne, car c'est moi qui vous ai écrit.

— Vous ? fit le capitaine de plus en plus intrigué.

— Oui, Monsieur, moi-même. Un ancien militaire que j'ai en pension chez moi, homme assez minable, qui ne paie pas très exactement ses trimestres, et qui me fait bien l'effet d'être employé à la police, m'entendant toujours parler de l'aide-major Cousinot et du capitaine Lambert, deux noms qui naturellement reviennent quelquefois dans ma conversation, arrive un jour tout affairé et me dit que, par le fait de certains papiers dont mes amis sont détenteurs, ils se trouvent exposés au plus grand danger. Ne sachant comment vous tourner un avis auquel vous eussiez confiance, j'écrivis sous sa dictée la lettre que vous avez reçue.

— Mais cet avis était faux, reprit le capitaine, et l'on s'était joué de vous et de moi.

— Vous le croyez, reprit madame de Chabourot, parce que la visite domiciliaire dont on vous menaçait n'a pas eu lieu, mais c'est qu'on s'imagina sur le moment avoir ailleurs la trace de ces fameux papiers ; il n'est pas moins vrai cependant que, depuis le moment où vous fûtes averti, vous n'avez pas cessé d'être à l'index de la police ; ainsi, on a su que, dans la soirée où devait avoir lieu la descente des agents, vous étiez sorti furtivement à une heure indue; on a su ensuite toute votre liaison avec madame; un jour, que vous l'aviez suivie à la sortie du spectacle, un autre jour, qu'elle vous avait écrit pour vous demander des oignons de jacinthe, et que vous lui en aviez apporté dans un cornet ; tout cela et mille autres choses sont consignées dans des rapports que mon vieux pensionnaire a vus ; jugez un peu si vos démarches sont observées, et si tout est fini !

Madame Bouvard vit bien que la révélation de cette prétendue surveillance occulte qu'on disait installée dans sa vie faisait un grand effet sur le capitaine, et elle aurait bien voulu pouvoir lui dire qu'avant de s'être ralliée à lui, elle avait transmis tous ces détails à la baronne, qui en faisait aujourd'hui un perfide et terrifiant usage. Mais le moyen d'avouer cela, sans perdre l'estime et la confiance de son futur, qui apprendrait que tout l'amour qu'on lui avait montré n'avait été d'abord qu'une infâme comédie ? La pauvre femme continua donc de laisser le champ libre aux merveilleuses audaces de madame de Chabourot ; et, de son côté, Lambert, qui commençait d'être assez fortement ému, gardant le silence, leur dangereuse ennemie poursuivit ainsi :

—Maintenant, mon cher capitaine, si vous croyez que mes renseignements ne sont pas trop à mépriser, vous prêterez quelque attention à l'avis que je suis venu vous donner moi-même ; car je craignais que vous ne tinssiez pas compte d'une lettre, la première ayant paru mentir à l'évènement.

— Parlez, fit Lambert, je vous écoute.

— Il paraît, reprit madame de Chabourot, qu'il y a décidément de la politique dans cette affaire, et que Cousinot, qui ne s'est jamais ouvert à personne du contenu de ces pièces qu'il vous a confiées, s'est jeté dans un labyrinthe où sa vie, oui, Monsieur, sa vie elle-même pourrait être compromise. Quant à vous, capitaine, si le dépôt est trouvé en votre possession, le moindre danger que vous puissiez courir, c'est d'être immédiatement arrêté ; il faut donc aussitôt, vous défaire de cette infernale correspondance, car cette nuit, ou demain matin au plus tard, une perquisition doit immédiatement avoir lieu chez vous.

— Eh bien ! fit Lambert affectant plus de tranquillité qu'il n'en gardait réellement, il s'agit de faire ce que j'ai déjà fait, de transporter hors de chez moi ce que nous craignons qu'on y saisisse : ce n'est pas le diable que cette précaution à prendre.

— Mais rappelez-vous, capitaine, que vous avez été suivi, lors de la sortie nocturne que vous fîtes au reçu de notre première lettre. Le lieu de recel dont vous vous êtes précédemment servi n'est donc plus sûr, et je dois dire qu'il en serait peut-être autant de tous ceux que vous pourriez vous procurer dans cette ville, car votre maison est peut-être déjà observée par les invisibles surveillants dont dispose la police ; c'est même pour cela que je suis descendue d'abord chez madame, au lieu de descendre chez vous.

— Infernale canaille ! s'écria le malheureux Lambert, dont les appréhensions, vu la grande vraisemblance qui régnait dans tout le narré de la baronne, s'accroissaient de moment en moment.

— Mais si le capitaine prenait le parti de s'absenter pour quelques jours, en emportant avec lui les papiers, dit alors madame Bouvard, à laquelle était venue l'idée de déjouer, par cette ouverture, tout le plan de la baronne.

Madame de Chabourot sentit aussitôt la portée de cette inspiration ; mais justement elle rentrait dans la donnée de ses arrangements, aussi eut-elle bientôt fait de la tourner dans un sens favorable à ses desseins.

— Quoiqu'initiée depuis un moment à cette affaire, dit la baronne à la donneuse de conseils, vous y voyez très juste, et vous venez d'indiquer la seule chose que, selon moi, il y ait à faire ; seulement, je serais d'avis qu'au lieu du capitaine qui, obligé de partir ce soir même sans passe-port, serait infailliblement suivi et arrêté, une autre personne se chargeât de dépayser le dépôt qui le compromet.

— Et cette personne, fit ironiquement madame Delaunay, ce serait vous, sans doute ?

— J'accepterais volontiers cette mission, repartit madame de Chabourot, parce qu'il n'y a rien que je ne sois prête à faire pour une personne que j'ai la faiblesse d'aimer encore, malgré de bien mauvais procédés ; mais, comme je suis à peine connue du capitaine qui, dans une affaire de cette importance, ne doit s'en rapporter qu'à des gens très sûrs, je conseillerais plutôt, Madame, que ce fût vous, en laquelle sans doute il a une pleine confiance, qu'il fît partir avec les papiers.

— Que j'aille compromettre cette pauvre femme dans cette damnée affaire? Jamais! répondit Lambert.

— Vous en ferez ce que vous voudrez, reprit la baronne; mais, si j'étais à la place de madame, j'userais auprès de vous de toute mon influence pour vous décider à prendre ce parti. Autrement, ajouta-t-elle, il ne se passera pas beaucoup de temps sans qu'elle ait lieu de se repentir. Je crois pouvoir positivement le lui affirmer.

Lambert ne pouvait naturellement pas comprendre la menace qui passait par-dessus sa tête à l'adresse de madame Bouvard; mais pour celle-ci elle ne put s'y méprendre, on lui demandait impérieusement, non pas une simple neutralité, mais une active coopération dans la mystification fort sérieuse qui se poursuivait. Or, à voir l'habile manière dont la baronne évitait les pièges et marchait à son but, une lutte était-elle sûre avec elle quand déjà elle était si forte de sa position? Apparemment, la chaste fiancée de Lambert jugea que le parti de la résignation lui était décidément commandé par les circonstances, car, modifiant l'attitude aggressive qu'elle venait de prendre :

— Je crois en effet, dit-elle, que vous ou moi pouvons seules, sans danger, essayer le déplacement de ce qu'il faut sauver.

— Si tel est votre avis, dit alors la baronne, faites-le donc partager au capitaine, car les moments sont précieux.

— Eh bien ! mon ami, fit madame Bouvard, qu'en dites-vous ?

— Je dis, je dis, repartit le capitaine, que

je ne sais à quoi me résoudre, car c'est peut-être un guet-apens que nous dresse madame. On vous attend peut-être à la sortie de Mantes pour vous enlever de force les papiers que j'aurai cru mettre en sûreté en vous les confiant.

— Le soupçon est gracieux, dit la baronne, et du moins vous ne le marchandez pas.

— Que diable aussi, repartit Lambert, venez-vous nous dire que vous connaissez des gens de la police.

— Je n'en connais pas, mais j'en loge, repartit madame de Chabourot; et, où en seriez-vous si la Providence n'avait amené dans ma maison cet homme qui nous a avisés du danger !

— Mon esprit se perd au milieu de toutes ces turpitudes, s'écria Lambert avec angoisse. Arrive qui plante, Cousinot m'a donné des papiers à garder; quand je les aurai gardés jusqu'au bout, j'aurai fait ce que je devais.

— Et quand Cousinot, par suite de votre indécision et de votre défiance, aura porté sa tête sur l'échafaud — comme les sergents de La Rochelle — vous direz encore : Arrive qui plante, j'ai fait ce que je devais !

Cet argument, pris dans un souvenir très propre à émouvoir le capitaine, qui appartenait par ses opinions au parti libéral de la restauration, fit sur lui une impression très vive; il se radoucit donc et demanda à celle qu'il croyait madame Bouvard, de trouver quelque moyen de tout concilier, car enfin, ajouta-t-il, c'est surtout pour Cousinot que je m'inquiète de ce qui peut arriver, et en sa faveur vous devez me pardonner si je prends mes précautions.

— Voyons, puisque vous devenez plus raisonnable, reprit madame de Chabourot, cherchons un peu ce moyen de tout concilier : vous ne voulez pas les brûler ces papiers ? fit-elle négligemment.

— Les brûler ! dit Lambert, lorsque Cousinot m'a donné la commission de les garder comme la prunelle de mes yeux ! vous n'y pensez pas !

— Mais cependant, reprit la baronne, quand on est trop pressé par l'ennemi, on se fait sauter ; ce serait bien là notre cas.

— Oui, dit madame Delaunay, que ce dénouement arrangeait fort, parce qu'elle n'y eût trempé d'aucune manière ; il me semble qu'en jetant le tout au feu...

— Je ne prendrai jamais cela sur moi, repartit Lambert ; avisons à quelque autre manière de nous arranger.

— Ecoutez, fit alors madame de Chabourot ; je crois tenir un expédient : il passe ici à dix heures une diligence, n'est-il pas vrai?

— Oui, repartit Lambert.

— En supposant, idée absurde, mais qui n'en est pas moins la vôtre, que j'aie pu avertir la police du passage de la voiture où nous serions, madame ou moi, la police ne guette pas la diligence, puisque c'est ma voiture qu'elle attend.

— Eh bien! fit le capitaine.

— Eh bien! pour ne négliger aucune précaution, madame ayant eu soin de coudre dans quelque partie de son vêtement les papiers que vous lui aurez confiés, n'a qu'à prendre ce soir au passage la voiture publique, il n'y aura là rien de suspect, puisque tous les habitants de Mantes en usent ainsi. Ne pensez-vous pas que de cette manière elle arrivera sans encombre à Paris?

— Et une fois à Paris? demanda Lambert.

— Une fois à Paris, ce serait bien du malheur, reprit la baronne, si madame n'y avait pas quelques connaissances chez lesquelles elle pût en sûreté demeurer un jour ou deux, le temps que la bourasque soit passée.

— Sans doute, repartit madame Bouvard, ne pouvant retenir cette ironie, je sais des personnes sûres auxquelles je pourrais me confier, et chez lesquelles au besoin je laisserais le dépôt.

Madame de Chabourot lui jeta un regard de colère: mais, voyant que le capitaine ne faisait point attention à la double entente de ces paroles, elle reprit tranquillement :

— Voyons, capitaine, que décidez-vous?

— Je décide que si madame veut en effet se charger de cette corvée abominable, la chose peut s'arranger comme vous le dites; mais vous, petite mère, vous me resterez en otage, et ne partirez que quand madame Delaunay aura assez d'avance pour que vous ne puissiez pas mettre quelqu'un à ses trousses.

— Toujours aimable et confiant, repartit la baronne ; mais je n'y prends pas garde, et ne vois aucune difficulté à cette condition. Reste maintenant, Madame, votre détermination, ajouta-t-elle en s'adressant à madame Delaunay ; et, je vous l'ai déjà dit, si vous ne nous venez en aide, en voyant peut-être demain le capitaine arrêté, votre mariage ajourné indéfiniment (elle appuya d'une manière marquée sur cette phrase), vous ne serez pas longtemps sans regretter votre tiédeur à nous aider.

— Ce que M. Lambert voudra, je le ferai, répondit madame Bouvard.

— Et ce que vous voudrez, M. Lambert le fera ; nous n'avancerons rien avec ces politesses. Allez-vous chercher les papiers, capitaine, ou je déclare que je me remets en route.

Le capitaine se leva, et fit mine de sortir, puis tout à coup une idée lui vint : Mais s'il y avait quelqu'un dans la rue! demanda-t-il naïvement.

Madame de Chabourot, quelque passionnée que fût la situation, eut envie de rire en voyant la manière dont elle avait rempli la tête du pauvre Lambert de suppôts et de surveillance de police. Toutefois s'étant contenue : — Il fait clair de lune, dit-elle, et l'on peut bien voir par la fenêtre s'il y a quelqu'un dans la rue.

Comme elle allait ouvrir la croisée : — Voyez vous-même, madame Delaunay, dit Lambert en retenant la baronne.

—Pas une âme, fit la vraie madame Bouvard après avoir regardé un instant avec attention.

— Allez donc vite, dit madame de Chabourot, et Lambert sortit, faisant un pas bien grave dans le chemin où on l'engageait.

XV.

Aussitôt que Lambert eut fermé la porte sur lui : — Vous vous êtes conduite avec moi d'une manière indigne, dit la baronne à madame Bouvard ; mais j'ai tout réparé. Vous allez partir pour Paris, ou bien tout votre passé, vos antécédents de théâtre, vos accointances avec Cousinot, et votre intention en venant ici, seront connus de ce brave homme, comme je vous l'ai déjà fait entendre, nous verrons alors s'il aura encore envie de vous épouser !

— Mais, Madame, après avoir trempé dans une tromperie si cruelle, pourrais-je jamais espérer de bien vivre avec lui ! Un jour ou l'autre il saura.....

— Et que vous importe ! quand vous serez sa femme, vous aurez belle à lui persuader que je vous ai forcé d'agir et que d'ailleurs, ce qui est vrai, vous n'avez rien fait qui ne fût dans son intérêt.

— Si du moins... essaya de dire la malheureuse fiancée.

— Nous n'avons pas de temps à perdre en explications, dit madame de Chabourot l'interrompant ; arrivée à Paris, vous me remettrez ces papiers, et moi, en échange, je vous remettrai dix mille francs, que je vous avais toujours destinés : ainsi, voyez d'un côté cette somme, de l'autre toutes vos idées d'établissement renversées. Vous acceptez, n'est-il pas vrai? — Ainsi, à demain matin. — Chez moi.

Madame Bouvard ayant consenti par son silence :

— Ah ça! maintenant, continua la baronne, nous voilà de nouveau alliées ; ainsi, dans le cas où le capitaine, au moment de vous laisser partir, aurait quelque scrupule, vous m'aideriez à en triompher.

— Mais comment ferai-je pour me représenter devant lui?

— Il vous aime, n'est-ce pas? repartit madame de Chabourot, et vous voyez que je ne suis pas trop mal habile : soyez donc sûre que nous saurons bien organiser quelque bourde à lui faire croire pour votre retour. A propos, ajouta-t-elle, vous devez avoir des lettres de Cousinot.

— Peut-être bien ; mais, que vous importe ?

— Cherchez-en une ou deux bien vite, et me les donnez; car, si cet homme, qui est plus méfiant que je ne l'avais cru, allait avoir tardivement l'idée que je ne suis pas madame Bouvard, je le convaincrais en lui montrant l'écriture de son ami.

Madame Bouvard avait, à ce qu'il paraît, pris son parti et compris l'inutilité de toute résistance; d'ailleurs, dix mille francs pour elle étaient une somme. Elle se résigna donc au surcroît de prudence dont la baronne voulait encore qu'elle fût complice ; et, ayant ouvert une petite cassette, archives de l'amour, dans laquelle étaient étiquetées et conservées bien d'autres correspondances, elle remit à la baronne deux ou trois manuscrits du *fond* Cousinot, en lui faisant bien promettre de ne pas les lire; tout était donc prêt pour bien recevoir le capitaine, quand il rentra.

A ce moment même, ses perplexités n'avaient pas cessé et bien certainement si son adorée, madame Bouvard, s'étant décidément rattachée à la baronne, n'avait pas pesé de toute son influence dans la question, il est fort douteux qu'il fût tombé dans le piège qui lui était tendu; mais *l'amour qui perdit Troie*, perdit aussi le capitaine Lambert; toutes les objections qu'il put soulever ayant victorieusement été réfutées par sa future qui, dans son dessein désormais arrêté de le persuader, alla jusqu'à lui dire qu'il paraissait se méfier d'elle, il ne résista plus, et livra les papiers, qui furent aussitôt cousus entre la ouate et le taffetas d'une douillette que devait revêtir la voyageuse. Bientôt après, le moment de se mettre en route étant encore assez loin, madame Bouvard pensa en elle-même qu'il lui serait bien plus commode de faire la route dans la voiture et dans la compagnie de madame de Chabourot, à laquelle d'ailleurs elle avait beaucoup de choses à dire; voulant donc faire changer les dispositions prises, elle tira à part le capitaine, et profitant de l'idée qu'avait eue un instant madame de Chabourot : — Si l'on pouvait être sûre, dit-elle, que cette femme est madame Bouvard, je crois que l'on se dispenserait, sans inconvénients, de toutes les précautions que nous voulons prendre, et qui ont aussi leurs dangers, car qui sait s'il ne se rencontrera pas quelque agent de police au bureau de la diligence, je trouve cela plus probable qu'une embuscade sur la route.

—Ouais, fit Lambert, vous avez raison, et

il me paraît certain que cette femme n'est qu'une intrigante ayant volé le nom de l'amie de Cousinot ; je l'avais d'abord pensé.

— Je ne vais pas si loin que vous, dit madame Bouvard ; je dis seulement que si c'est bien là madame Bouvard, le mieux est de partir avec elle ; si, au contraire, c'est une femme ayant dérobé son nom, il ne faut rien faire sur son indication.

Frappé de la force de ce raisonnement qui, en passant par la bouche de l'objet aimé, perdait ce qu'il pouvait avoir d'incomplet et de défectueux, Lambert se rapprocha de madame de Chabourot, et commençant de l'interroger :

— Madame la maîtresse de pension qui logez des gens de police, où est située votre maison, s'il vous plaît ?

— Où est située ma maison ?

— Oui, répondez par grâce à cette question.

— Rue Neuve-St-Etienne, dit madame de Chabourot, à laquelle madame Bouvard fit signe de donner sans s'inquiéter les éclaircissements qu'on lui demandait.

— Et où logeait Cousinot ?

— Cousinot ! dans la maison voisine de la mienne, à l'hôtel du Cantal ; mais pourquoi cet interrogatoire ? douteriez-vous que je sois madame Bouvard ?

— Peut-être, fit Lambert avec finesse.

— Si ce n'est que cela, et qu'à ce doute ait tenu toute votre défiance, il fallait donc parler ; car, je l'avais prévu, et sachant n'être pas connue de vous, j'ai pris sur moi quelques lettres de notre ami commun pour nous servir d'introduction.

— Montrez-les voir, dit le capitaine.

Madame de Chabourot ayant tiré de son

sac les lettres que venait de lui remettre madame Bouvard, les donna à Lambert qui commença à lire tout haut : *Chère ange de mon cœur, tu as été bien gentille hier...*

— Ah! Monsieur, faites-nous grâce, dit en même temps avec pruderie et pudeur madame Delaunay.

Le capitaine prit une autre lettre, et, sans tenir compte de l'intimation qui venait de lui être faite, il lut encore à haute voix ce début d'un tout autre genre : *A la fin, vos exigences deviennent fastidieuses, et si vous n'étiez pas une femme du monde, je vous dirais que vous m'embêtez.....*

— Monsieur! fit plus vivement madame Bouvard, rougissant jusqu'au blanc des yeux.

— Madame a raison, dit de son côté la baronne; je ne vous ai pas donné ces lettres pour les lire d'un bout à l'autre. Voyez les adresses et l'écriture, et rendez-les moi.

— Oui, fit Lambert en jetant à madame Bouvard un regard d'intelligence, c'est bien là l'écriture et le style de Cousinot.

— Alors, dit madame Bouvard, nous n'avons plus de raisons de nous défier de madame, et je lui demande une place dans sa voiture.

— Comme il vous plaira, répondit la baronne sans marquer aucun empressement; puis elle ajouta finement : Je vois bien que vous ne voulez pas que je reste en tête à tête avec le capitaine.

Cerné, traqué de toutes parts, ayant contre lui quatre ou cinq passions conjurées : l'intérêt, l'amour, la vengeance, l'amour-propre, la peur, le tout manié par deux femmes conspirant pour le tromper, et apportant, l'une sa supériorité d'esprit et sa profondeur d'intrigue, l'autre la souveraineté de ses charmes, que vouliez-vous que fît le pauvre Lambert ? Qu'il cédât ?

Ainsi fit-il : on regarda encore une fois si aucune *mouche* ne stationnait dans la rue ; puis les dames descendirent jusqu'à la voiture, où elles se placèrent. Madame Bouvard fut instamment priée par le capitaine d'avoir bien soin de madame Delaunay, qui promit d'être de retour le surlendemain au soir pour tout délai.

De son côté, Lambert reçut la recommandation d'attendre de pied ferme la perquisition annoncée, et qui n'aurait rien de redoutable pour lui, les papiers ne se trouvant pas dans sa maison. Toutes ces paroles dites, l'ordre fut enfin donné au cocher de marcher, et comme madame de Chabourot, dans la pensée de repartir aussitôt qu'elle aurait gouré le pauvre Lambert, avait fait reposer les chevaux une partie de la journée dans un village des environs de Mantes ; quoique ceux-ci, comme la voiture, fussent de louage, ils partirent assez bon train ; or, comme il arrive à tous les gens qui ont pris avec déchirement une grande résolution, les voyageuses ne furent pas plutôt à deux cents pas que le capitaine commença à douter que le parti auquel il s'était arrêté fût le meilleur ; mille dangers ou mille inconvénients auxquels il n'avait pas pensé s'offrirent à son imagination, et, certes, s'il eût pu reprendre le fait accompli échappé de ses mains, il n'y eût pas manqué ; mais tout était consommé et irréparable. Triste du départ de sa fiancée, inquiet pour sa sûreté, mécontent de lui-même, il rentra chez lui en proie aux plus sombres idées, et ayant pour se consoler la riante perspective d'une descente de justice. Il faut convenir que Cousinot lui avait ménagé là une aimable récréation !

XVI.

La position de Lambert était étrange. A tout moment il s'attendait à voir sa maison cernée, envahie, fouillée en tous les sens, et cependant, à mesure que l'heure se passait, et que tous ces désagréments ne lui arrivaient pas, il s'inquiétait ; car ses doutes, sur la sagesse du parti qu'il avait pris, s'accroissaient par ce premier accroc fait à la vérité des renseignements qui lui avaient été donnés. Si quelqu'un, dans le moment, l'eût interrogé pour savoir la cause de sa soucieuse disposition, il eût répondu sérieusement qu'un grand malheur lui arrivait ; qu'il avait espéré un mandat de perquisition, peut-être même un mandat d'arrêt dirigé contre sa personne et qu'il ne voyait rien venir, et que tout lui manquait à la fois.

Il passa ainsi la journée du lendemain dans une anxiété que chaque heure de tranquillité redoublait, et sur le soir il était tellement désespéré de n'avoir vu se produire autour de sa maison aucune apparition suspecte, que, ne pouvant plus tenir à cet affreux repos, il se résolut de partir pour Paris et d'aller faire une descente chez madame Bouvard, afin de vérifier la sincérité des révélations qu'elle était venue lui faire.

Mais la consolation, qui n'est jamais plus proche que quand les souffrances de l'âme ont été portées à leur dernier paroxisme, vint enfin le visiter. Comme il avait déjà ordonné à sa servante de lui apporter son sac de nuit pour qu'il le disposât, il fut agréablement surpris par la nouvelle du retour de madame Delaunay : on laisse à penser s'il fut empressé à se rendre chez elle.

— Dieu merci, lui dit sa fiancée en le voyant entrer, nous en sommes quittes pour la peur; vous n'avez vu personne, n'est-il pas vrai?

— Mon Dieu non, répondit Lambert.

— Tout est éclairci; la police a enfin mis la main sur ce qu'elle cherchait et vous laissera désormais en repos.

— Comment, vous avez livré les papiers?

— Du tout, repartit madame Bouvard, et je vous les rapporte ; il paraît qu'ils sont étrangers à la politique et qu'ils concernent seulement une famille sur laquelle votre ami Cousinot, au moyen de leur possession, a jeté une espèce de sort.

— Sans doute, reprit Lambert, c'est toujours ainsi qu'il m'en avait parlé.

— Mais savez-vous, dit alors gravement madame Bouvard, que cette conduite n'est pas très morale, et que vous vous êtes fait le complice d'un assez triste procédé ?

— Vous trouvez ? dit Lambert, un peu inquiété dans sa conscience.

— Certainement, et je m'étonne comment un homme aussi solide que vous sur les principes *aye* pu s'associer à une pareille petitesse ; aussi à votre place je sais bien ce que je ferais.

— Dites un peu ! repartit le capitaine.

— Je prendrais ces papiers qui, d'ailleurs, nous ont donné plus de soucis qu'ils ne valent, et je les renverrais à la famille à laquelle ils appartiennent.

— Eh bien ! et Cousinot?

— Eh bien ! M. Cousinot se trouverait ainsi forcé de marcher un peu malgré lui dans le sentier de la vertu, et je ne vois pas le grand mal qu'il y aurait à cela.

— Oh ! dit Lambert, je ne fais pas de pareils traits aux gens que j'aime. D'abord, vous jugez notre ami un peu tambour battant; qui n'entend qu'une cloche n'entend qu'un son. Madame Bouvard vous a dit tout ce qu'elle a voulu, et vous voyez qu'il s'en est conté de belles, puisqu'on a même fait un grand complot politique de tout cela; mais Cousinot, lui, prétend qu'il est dans son droit, et j'ai en lui, voyez-vous, autant de confiance qu'en votre saltimbanque de Mme Bouvard.

L'inspiration de parler en termes aussi peu parlementaires de madame Bouvard à madame Bouvard, était des plus malheureuses ; aussi celle-ci répondit :

— Je ne sais pas si madame Bouvard est une saltimbanque ; mais ce qu'il y a de certain, c'est que votre Cousinot, qui l'a abandonnée pour aller porter le trouble dans une honnête famille, était très heureux de vivre de ses générosités.

— Ce sont des calomnies, s'écria Lambert avec exaltation, et tenez, Euphémie (c'était le nom de baptême de madame Bouvard, que nos lecteurs ne seront pas fâchés d'apprendre, quoiqu'un peu tardivement), il faut, une fois pour toutes, vous dire ce que c'est pour moi que Cousinot. Cousinot est un homme qui m'a sauvé plus que la vie, car il m'a rendu la santé, sans laquelle mon existence était pire que l'enfer, aussi je lui suis dévoué corps et âme, et non seulement je n'entends pas lui faire le tour que vous me conseillez, mais je ne peux pas supporter qu'on parle mal de lui en ma présence.

— Je ne puis pas vous empêcher de l'adorer; mais vous ne me forcerez pas à avoir de lui une autre opinion que la mienne.

— Voyons, fit Lambert, allons-nous nous quereller, quand nous devrions être tout à nous revoir?

— Je ne querelle pas, reprit madame Bouvard, mais seulement je m'étonne qu'on puisse s'aveugler pour quelqu'un au point de faire une bassesse?

— Une bassesse! reprit Lambert d'un accent de voix presque menaçant, une bassesse!

— Oui, Monsieur; car s'associer à une malhonnèteté par faiblesse, c'est comme si on la faisait soi-même.

En s'entendant accuser ainsi d'improbité, Lambert changea de couleur.

—Voilà, dit-il, la première fois que quelqu'un m'en dit une pareille!

Puis, affectant un grand sang-froid sous lequel il cachait un affreux déchirement :

— Voulez-vous, dit-il, me rendre le dépôt que je vous ai confié?

— Le voilà, dit madame Bouvard en lui remettant le paquet cacheté.

Lambert le prit sans mot dire et sans le regarder; puis, pinçant la bouche pour donner à sa figure un aspect impassible, il le plaça dans la poche de son habit qu'il boutonna par-dessus; puis il rouvrit son habit, changea le paquet de poche et remit encore un à un tous les boutons qu'il venait de détacher; enfin il fit tout le manège d'un homme que sa dignité blessée pousse à sortir, et que la crainte de consommer une démarche dont il se repente, retient néanmoins. Après avoir fait deux ou trois tours affairés dans la chambre pour chercher son chapeau, ce qui lui fit encore gagner du temps, voyant que madame Bouvard n'avait pas une seule parole de regret, il se décida à accomplir sa retraite, et dit d'une voix étouffée :

— J'ai bien l'honneur de vous saluer, Madame.

— Bonsoir, Monsieur, répondit madame Bouvard d'un ton sec, et ils se séparèrent ainsi.

XVII.

Nos lecteurs ont compris la portée de cette scène. Madame Bouvard, en jetant sur la conduite de Cousinot un blâme aussi énergique, s'occupait de se ménager une amnistie, et préparait Lambert à la révélation tôt ou tard indispensable du tour odieux qu'on lui avait joué. Elle espérait l'amener à regretter l'assistance qu'il avait accordée à son ami, et par suite se faire passer en compte, comme service rendu, l'espèce de violence qu'elle avouerait avoir pratiquée pour lui faire restituer les papiers dont l'aide-major abusait.

Plus tard, voyant la querelle s'envenimer, elle n'avait pas été fâchée de mettre le capitaine un peu hors de lui-même, car, dans cette situation d'esprit, il y avait moins de danger qu'il s'aperçût que le paquet avait été ouvert et ensuite refermé. En effet, au milieu de la douloureuse animation à laquelle Lambert se trouvait livré à la suite de cette querelle, il n'eut garde de penser à vérifier minutieusement l'état des cachets qui avaient d'ailleurs été fort proprement adultérés par madame de Chabourot, et il ne s'avisa de rien ; mais l'autre résultat qu'avait poursuivi madame Bouvard ne fut pas de même obtenu.

Elle dut bien voir qu'elle avait mal mesuré la portée de son influence, quand elle avait compté prévaloir contre l'attachement inviolable qui unissait Lambert à Cousinot ; et, à raison de cet échec, elle fut un peu découragée de son ardeur à terminer l'affaire de son mariage, qui restait ainsi compliquée d'une inquiétante question d'avenir.

Cette hésitation, jointe à un certain ressentiment qu'elle avait de l'épithète brutale accolée à son nom, fut cause qu'elle apporta une grande raideur à traiter la diplomatie d'une réconciliation avec le désolé Lambert, qui, partagé entre les excitations ardentes de son amour et la morgue réfrigérante de son amour-propre, se mourait du désir d'une explication et ne voulait cependant pas revenir le premier.

Mais, dans ces sortes de luttes, celui qui

aime le plus a toujours le dessous; aussi, après avoir marchandé pendant plusieurs jours, Lambert finit par se dire qu'il était trop malheureux et ne pouvait vivre ainsi ; il traversa donc le Rubicon, c'est-à-dire la rue, et se rendit chez madame Bouvard, qui, en le voyant, ne s'étonna que d'une chose, à savoir qu'il eût tant tardé.

En le voyant entrer, elle remarqua qu'il était si triste et si défait qu'elle en eut pitié; si donc Lambert eût d'abord avoué avec franchise qu'il venait pour se remettre en bonne intelligence avec elle, tout aurait été dit au premier mot. Mais on sait, en pareil cas, les subtiles habiletés de l'amour-propre; on revient, mais du moins que l'on peut, en cherchant à donner à son retour un prétexte un peu fier et qui dépayse bien loin celui auquel on se rend, de l'idée qu'il vous a amené à composition.

— Vous m'excuserez, Madame, fit donc Lambert d'un ton très composé, si je viens vous interrompre, mais vous voulez vous fixer dans ce pays, et étant, moi, sur le point d'en partir...

— Vous quittez Mantes, demanda madame Bouvard en le regardant avec attention pour voir s'il parlait sérieusement.

— Oui, Madame, je le quitte, répondit le capitaine de l'air le plus indifférent qu'il lui fut possible, et j'étais venu...

— C'est une résolution que vous avez prise bien subitement, dit sa prétendue en l'interrompant.

— Non, repartit Lambert, et j'y ai assez réfléchi ; mais quand on se trouve mal quelque part... Je vous disais donc que j'étais venu pour vous parler d'une affaire.

— Une affaire? demanda madame Bouvard.

— Oui ; vous ayant entendu dire que vous vous trouviez mal logée, je voulais vous demander s'il vous serait agréable de louer ma maison ?

— Votre maison, répondit séchement la dame, ce serait beaucoup trop considérable pour moi.

— Je vous la laisserai à bon marché ; c'est plutôt pour qu'elle soit occupée que pour en tirer argent.

— Je vous suis très obligée, mais c'est bien dans la ville la dernière que je voudrais habiter.

— Pourquoi ? dit Lambert ; elle est commode, le jardin en est très agréable, et puisque vous aimez les fleurs...

— Monsieur, fit d'un air de mélancolie madame Bouvard, il y a des souvenirs qu'il vaudrait mieux ne pas rappeler.

— C'est juste, reprit le capitaine abordant

l'explication, vous vous êtes reproché sans doute d'avoir écrit à un homme capable d'une bassesse.

— C'est bien garder le souvenir d'une parole qui a pu échapper dans un moment de vivacité, repartit la triste fiancée.

— Oh! quand on dit ces choses-là, on les pense.

— Si je les avais pensées, je ne regretterais pas de les avoir dites.

— Avec ça que vous avez bien montré vos regrets, dit Lambert amèrement.

— Et comment vouliez-vous que je les *montre?* (Elle aurait aussi bien pu dire que je les montrasse). Il faut voir les gens pour leur parler.

— On peut leur écrire.

— Oui, pour qu'après cela ils vous reprochent vos lettres.

— Moi, vous reprocher une chose qui me

rendit si heureux quand elle m'arriva. Il est vrai que je ne m'attendais pas que plus tard... Et il n'acheva pas.

— Eh bien! quoi, plus tard? fit madame Bouvard d'un ton de tendre reproche.

— Que vous me retireriez votre estime, dit le pauvre Lambert sentant venir des larmes dans ses yeux et son cœur se gonfler.

— Pouvez-vous croire de pareilles choses?...

— Vous me l'avez dit, répondit le capitaine.

— Mais si je ne le dis plus, et si je suis fâchée de l'avoir dit, partirez-vous encore?

— Je crois que c'est toujours le plus sage, répondit Lambert tâchant de mettre à se rendre quelque transition.

— Partez alors, Monsieur, dit madame Bouvard, qui ne voulait pas aussi par trop supplier ; vous n'étiez peut-être pas fâché d'avoir un prétexte de rompre.

— Moi, j'ai voulu rompre ! s'écria le capitaine.

— Comment ne le croirais-je pas, quand pour une simple parole...

— Vous appelez cela une simple parole ; dire à quelqu'un qu'il est un malhonnête homme.

— Certainement, j'ai dit et je le répète, que vous êtes fasciné par un étourdi qui vous a embarqué dans une affaire où il n'y a eu pour vous que des désagréments.

— Oh ! si vous aviez tourné la chose comme cela, ce serait bien différent !

— Mais puisqu'on vous l'explique, faut-il donc se mettre à deux genoux pour vous demander pardon ?

— M'avoir tant fait souffrir, dit alors Lambert d'un ton qui voulait dire qu'il ne résistait plus à se réconcilier.

— Et moi, vilain rancuneux, fit madame Bouvard en lui tendent la main, croyez-vous que j'étais à la noce?

— Vous y serez bientôt si vous voulez, reprit Lambert, souriant entre deux larmes qui descendaient le long de sa mâle figure.

— Ce n'est peut-être pas ce que je ferai de mieux, repartit la fiancée, car vous n'êtes pas aimable, savez-vous?

— C'est vous qui êtes une méchante, car si je n'étais pas revenu, vous n'auriez pas bougé.

— Ah! pour cela non, dit d'un air capable madame Bouvard, une femme ne doit jamais revenir; mais dites donc, votre maison, vous ne me dites pas ce que vous voulez me la louer.

— Voyez-vous, la vilaine qui se moque de moi, dit Lambert, déposant sur la main *ultrà* potelée de madame Bouvard, un baiser tendre et respectueux.

Et ainsi, après l'orage le beau temps étant revenu, on peut facilement supposer qu'un long délai ne séparera pas leur mariage et cette réconciliation.

XVIII.

Nous connaissons trop maintenant madame de Chabourot pour croire qu'une fois rentrée dans la possession des papiers qu'elle poursuivait avec une persévérance si désespérée elle ait laissé passer beaucoup de temps sans faire quelque usage de sa victoire.

Renonçant presque aussitôt à la solitude dans laquelle elle avait vécu depuis le départ de son mari, elle se rendit chez madame de Janvry à laquelle elle raconta, toujours selon son système de mensonge mi-partie de vérité, qu'elle avait enfin découvert la cause de la ridicule prédilection que M. de Chabourot avait montrée pour le sieur Cousinot. Des titres tombés aux mains de celui-ci, et, par l'abus qu'il avait semblé vouloir en faire, pouvant compromettre une partie notable de leur fortune, avaient été la raison déterminante des ménagements et de la faveur dont cet homme avait été l'objet de la part du baron ; mais Dieu merci, ce danger avait été conjuré ; et si M. de Freneuse n'était pas trop découragé par les fâcheux procédés auxquels il avait été exposé, il pouvait cette fois avec sécurité prétendre à la main de Thérèse, dont il n'y avait plus moyen qu'aucune influence pût le déposséder.

Etant resté fort amoureux, M. de Freneuse, quand sa tante lui transmit cette ouverture, l'accueillit avec empressement, et Thérèse, dont la destinée était de ressembler sur place à une sorte de fiancée du roi de Garbes, reçut l'intimation de retourner du côté de son premier prétendant ; d'après sa résignation aux volontés maternelles, Cousinot, étant déclaré déchu de ses espérances, ne devait plus être considéré par elle, nos lecteurs nous pardonnent ce jeu de mots, que comme un futur passé.

Par le fait, le malheur arrivé à M. de Freneuse tourna très heureusement pour lui, car la peur qu'elle avait eue d'être livrée à l'étrange protégé de son père fit que made moiselle de Chabourot accepta avec bonheur et empressement le parti si honorable qu'elle le avait précédemment subi avec une résignation douloureuse; ce fut un peu la fable de La Fontaine : « Le mari, la femme et le voleur, » qui se réalisa en cette occasion.

Tout étant si bien arrangé à Paris, madame de Chabourot écrivit à Francfort pour engager son mari à envoyer, dans le plus bref délai, son consentement au mariage de M. de Freneuse : « Nous n'avons plus rien à
« craindre, disait la lettre de la baronne, du
« personnage qui doit faire auprès de vous
« une si singulière figure : la brebis égarée
« est rentrée au bercail et on ne nous la déro-
« bera plus, car un bon brasier l'a réduite
« en cendres et l'a mise désormais hors de
« toute atteinte. Vous pouvez donc agir à
« votre aise avec monsieur votre attaché,
« le remercier si bon vous semble, ou le

« garder auprès de vous, s'il vous rend
« quelques services; mais seulement hâtez-
« vous de nous faire parvenir l'acte de votre
« consentement, de manière que s'il pre-
« nait envie à ce terrible amoureux de dé-
« serter son poste pour venir revendiquer
« ce qu'il appelle ses droits, il vienne se
« heurter contre un invincible obstacle.
« Nous aviserons d'ailleurs, pour le moment
« où il apprendra le mariage de Thérèse, à
« trouver quelque moyen de l'empêcher d'a-
« voir une colère trop bruyante, car c'est là,
« j'en conviens, un danger. Thérèse va à ra-
« vir depuis qu'elle est assurée de n'épouser
« pas Cousinot; cet homme était positive-
« ment sa maladie, » etc., etc...

Depuis qu'à la suite d'une négociation, à laquelle il avait eu une part personnelle très active, il s'était vu décoré de l'ordre du *Fau-*

con-Blanc (1), Cousinot avait pris quelque goût à la diplomatie, en sorte qu'il prétendait mener toutes les affaires de la légation; ce qui ne tarda pas à le mettre au plus mal avec M. de Chabourot. Au moment donc où celui-ci apprit de sa femme qu'elle avait enfin soustrait leur existence à la cruelle domination de cet homme, il l'avait dans une aversion si forte, qu'il ne fit aucune des objections que, dans une autre donnée, sa prudence ordinaire lui aurait suggérées. Envoyant aussitôt le consentement qui lui était demandé, il se mit en même temps à traiter l'envahissant *attaché* avec une raideur et un absolutisme de volonté qui amena entre eux d'assez violents démêlés. En fin de cause, Cousinot, qui s'impatientait de ne pas voir arriver sa fiancée, soupçonnant d'ailleurs

---

(1) Le ruban de cet ordre a le bonheur de ressembler, à s'y méprendre, à celui de la Légion d'Honneur.

quelque raison toute nouvelle aux manières de moins en moins déférentes qu'avait pour lui le baron, résolut de se tirer de sollicitude, et de venir se rendre compte sur place de ce qui avait pu se passer ; un beau matin donc, laissant sa démission à l'adresse de M. de Chabourot, il partit sans prendre congé de lui, et le voilà courant la poste sur la route de Francfort à Paris.

Cousinot avait beau se hâter, sa diligence fut en pure perte, et à Mantes aussi bien qu'à Paris, tout était consommé avant qu'il n'arrivât.

Son malheur lui fut annoncé d'une façon aussi brutale et aussi désobligeante que possible, car ce fut le hasard qui se chargea du soin de le lui signifier.

Comme sa chaise de poste allait entrer dans la cour de l'hôtel de Chabourot, elle fut obligée de s'arrêter pour laisser passer un riche équipage dans lequel il eut le temps de reconnaître mademoiselle de Chabourot, ayant à ses côtés M. de Freneuse. Cela parlait, ce semble, de soi-même, et n'avait pas besoin d'un long commentaire pour être compris.

Dire la furieuse colère dont, à cette vue, fut animé notre diplomate, serait chose inutile, elle se devine, et d'ailleurs il ne va pas tarder lui-même à nous rendre témoins de son explosion.

Montant rapidement l'escalier qui conduisait à l'appartement de madame de Chabourot et faisant chez elle une sorte d'invasion :

— Pourriez-vous me dire, Madame, s'écria-t-il sans autre préambule, ce que signifie la singularité dont je viens d'être témoin.

Madame de Chabourot le regarda en riant,

car une pelisse de voyage, d'un goût assez hasardé, une casquette poudreuse que par parenthèse il n'avait pas ôtée en entrant, tant il était hors de lui, et précisément cette prodigieuse indignation à laquelle il paraissait en proie, constituaient l'ensemble d'un personnage assez burlesque.

— A qui ai-je l'honneur de parler? demanda en même temps la baronne, quoiqu'elle le reconnût fort bien.

— Morbleu! Madame, je suis Cousinot, répondit l'attaché; ce nom, que je sache, n'est pas habitué à exciter votre hilarité.

— Eh bien! mon cher monsieur, repartit la baronne, je ne vous fais pas compliment de la manière dont vous vous êtes formé dans la diplomatie du nord, et cette façon de paraître devant une femme, la casquette en tête, supposerait que vous n'avez vécu là-bas qu'avec des Lapons ou des Groënlandais.

— Il ne s'agit pas entre nous de politesse, répondit Cousinot en profitant pourtant de la leçon : je viens de voir Thérèse sortant en voiture avec M. de Freneuse.

— Cela ne m'étonne pas, ils me quittent à l'instant, dit d'un grand sang-froid la baronne.

— Elle est donc sa femme! s'écria avec angoisse l'attaché.

— Mais sans doute, Monsieur, et il faut revenir bien de Francfort pour ignorer cela.

— Ainsi vous avez cru vous jouer de moi impunément, et vous ne vous êtes pas rappelé tous les moyens que j'avais de vous faire repentir de ce manque de foi ?

— Que voulez-vous, repartit la baronne avec une ironie à faire damner le plus saint et le plus patient des hommes, ce que certes Cousinot n'était pas, il y a longtemps qu'on l'a dit, les absents ont tort.

— Oh ! c'est vous, Madame, dit Cousinot avec un accent étouffé, qui avez eu tort et qui paierez cher cette audace.

— Allons donc, fit en haussant les épaules madame de Chabourot, vous avez toujours l'air de jouer le mélodrame des *Deux Forçats;* nous savons à quoi nous en tenir sur ces fameux papiers que vous avez feint d'avoir et que vous n'avez pas!

— Celui qui vous a donné cette fausse sécurité vous a rendu un bien mauvais service, repartit l'ex-chirugien, une fois déjà j'ai fait voir à votre digne mari le testament que vous avez dérobé et le commentaire explicatif de Leduc; vous les verrez à votre tour, mais ce sera en un lieu où l'envie de faire de l'esprit et de rire vous sera bien passé.

— Soit! repartit madame de Chabourot, mais pour parler sérieusement, je vous engage dorénavant, si le hasard fait que nous nous rencontrions, à prendre avec moi un ton plus convenable, mon humeur pouvant ne pas être toujours de m'amuser de vos façons de cosaque irrégulier.

— Bien ! bien ! s'écria Cousinot en se mettant en devoir de sortir, jouez de votre reste à faire l'insolente, rira bien qui rira le dernier. Cela dit, il descendit l'escalier plus furieux encore qu'il n'était quand il l'avait monté, courut lui-même à la poste pour avoir des chevaux, et, se réintégrant dans sa chaise, partit pour Mantes ventre à terre, afin d'avoir avec Lambert une explication.

XIX.

Si le dénouement (*eventus*) ne nous tâlonnait et que nous ne fussions pas sous l'ardente traction des incidents qui se précipitent, nous aurions pris quelque plaisir à peindre l'intérieur fortuné du malheureux Lambert dans le plein de sa lune de miel, et tandis qu'il ignore quelle est l'indigne compagne qu'il s'est donnée.

Mais serait-ce bien la peine d'essayer de donner un corps à ce fugitif bonheur, à cette fumée de félicité conjugale qu'une affreuse révélation va peut-être faire évanouir dans un instant.

Il pouvait être cinq heures de l'après-midi, par une journée du mois d'avril, quand la voiture de Cousinot s'arrêta à la porte du logis de Lambert.

Ce ne fut point Marguerite, la servante qu'il connaissait, qui vint lui ouvrir : cette fille s'était trop violemment opposée à ce que son maître épousât madame Delaunay, pour avoir pu conserver sa position dans la maison ; elle avait remis sa démission entre les mains du capitaine quelques jours avant la célébration de l'union qu'elle s'était permis de blâmer ; et nous devons dire que, secondée dans son opposition par l'adjoint de la mairie, qui s'était également prononcé contre ce mariage, elle l'avait entraîné dans sa retraite, en sorte que Lambert, servi par les domestiques de sa femme, n'ayant rigoureusement qu'elle pour société, lui ayant *tout* donné par son contrat de mariage, à l'exception d'une petite rente qu'il avait conservée pour en disposer par testament en faveur de Cousinot, était aussi complètement *embouvardisé* qu'il était possible de l'imaginer.

— Tiens ! fit Cousinot, car souvent, même au sein des plus vives préoccupations, certains faits ont le privilège de fixer notre attention ; quelle idée est donc venue à Lambert d'avoir une femme de couleur pour le servir ! comme il eut demandé en même temps si le capitaine y était, la femme de chambre de madame Lambert répondit qu'elle allait s'en assurer, et en attendant, elle introduisit le nouveau venu dans cette même salle où, quelques mois avant, avait pris naissance l'intrigue qu'il s'agit de dénouer aujourd'hui.

Lambert, occupé à travailler dans son jardin, où la saison du printemps lui donnait bien de la besogne, ayant été averti qu'un étranger le demandait, vint pour le recevoir, et, en reconnaissant Cousinot, il jeta un cri de joie et se précipita dans ses bras.

La situation d'esprit de Cousinot était trop passionnée pour qu'il pût songer aux convenances, lesquelles, peut-être, lui eussent conseillé de montrer d'abord quelque curiosité de ce qui concernait Lambert avant de s'occuper de ses propres affaires.

— Vous avez les papiers que je vous ai confiés? demanda-t-il donc après avoir à peine échangé quelques paroles.

— Parbleu oui, repartit Lambert, ce n'est pas sans peine que nous les avons sauvés des mains de la police, car elle a fait le diable pour nous les dérober ; mais, grâce à Dieu, ils sont en lieu sûr...

— Voulez-vous me les donner ? dit alors Cousinot, ayant toujours à la pensée le ton railleur avec lequel l'avait accueilli madame de Chabourot, et soupçonnant quelque avarie arrivée à ce précieux dépôt.

— Ah ça ! mais, fit Lambert, en remarquant l'air préoccupé de Cousinot, est-ce qu'il y aurait du nouveau dans votre affaire ?

— Oui, un peu, repartit le diplomate, et je crois que le moment du bal n'est pas loin.

— Diable ! dit Lambert, il faut cependant que nous causions un peu de la chose, car ma femme, sur ce que vous devez faire ou ne pas faire, a peut-être des idées assez justes.

— En effet, vous êtes marié, dit Cousinot ; je suis si étourdi, que je vous en parlais pas.

— Vous vous en seriez toujours bien rappelé, repartit le capitaine, quand je vous aurais présenté ma femme, mais dans ce moment elle est sortie.

— Eh bien ! dit alors Cousinot, ne perdant pas de vue son idée, profitons de cela pour couler à fonds l'affaire de ces papiers dont je suis un peu inquiet, je l'avoue.

— Allons, je vais vous les chercher, repartit Lambert, et il monta dans une chambre haute où était pratiquée sa cachette, qu'il fut un peu de temps à déranger, parce qu'elle était faite fort artistement.

Dans l'intervalle, Cousinot, resté seul, ayant par hasard jeté les yeux du côté du jardin sur lequel donnaient les fenêtres de l'appartement où il était alors, aperçut une femme fort coquettement vêtue et qui se dirigeait vers la maison. En regardant avec plus d'attention, et à mesure que l'apparition se rapprochait, il semblait bien à notre diplomate reconnaître une tournure, puis un ensemble de physionomie, puis enfin des traits qui ne lui étaient pas inconnus ; du reste, son doute ne devait pas tarder à être éclairci, car montant lestement les marches du perron, l'élégante inconnue fut bientôt auprès de lui.

— Cousinot ! madame Bouvard ! s'écrièrent en même temps les deux acteurs de cette scène, mis inopinément en présence.

— Par quel hasard ici ? demanda l'ancien soupirant de la maîtresse de pension.

— Au nom du ciel, ne me perdez pas, dit celle-ci : je vous expliquerai plus tard des circonstances qui m'ont amenée à accepter la main de votre ami.

— Vous, la femme de Lambert, continua Cousinot ; mais il m'avait écrit qu'il épousait la veuve d'un colon, madame Delaunay ?

— C'est mon nom de famille, répondit la digne hôtesse. Au théâtre, j'avais pris celui de Bouvard, sous lequel je vous fus connue.

— Tout cela est bien étrange, Madame, dit Cousinot avec solennité.

— Encore un coup, Monsieur, dans l'intérêt de votre ami encore plus que dans le mien, gardez-moi le secret jusqu'à ce que j'aie pu vous rendre compte de mes motifs. Cela m'est impossible maintenant, car j'entends mon mari.

Et en effet, dans le moment, Lambert vint à rentrer.

— Tiens ! fit-il, par où donc êtes-vous passée ? je ne vous ai pas entendu sonner.

— *J'ai passé* par la porte du jardin dont j'avais pris la clé, répondit madame Lambert.

— Mon cher Cousinot, dit alors l'heureux

époux, je vous présente madame veuve Delaunay, qui a bien voulu devenir la capitaine Lambert.

— Enchanté de faire sa connaissance, repartit le diplomate croyant devoir déférer provisoirement à la prière qui lui avait été faite. Puis, voyant que Lambert tenait un paquet cacheté : — Est-ce là ce que je vous ai demandé ? continua-t-il.

— Oui, repartit Lambert, voyez si rien n'y manque.

Quand madame Lambert s'aperçut que la soustraction opérée par la baronne allait être découverte, elle tenta de gagner du temps en allant au devant de la vérité prête à apparaître.

— Vous ne trouverez pas là ce que vous cherchez, dit-elle à Cousinot, qui s'occupait à enlever les cachets.

— Comment cela? repartit vivement Lambert, est-ce que vous avez permis à madame Bouvard d'y mettre le nez.

— Madame Bouvard? demanda de son côté Cousinot en achevant de mettre à nu un vieux numéro du *Drapeau blanc* qui tenait la place de tous les papiers disparus ; vous avez confié ces papiers à madame Bouvard ?

— Sans doute, repartit Lambert, c'est elle qui vint nous avertir des desseins de la police, même que ma femme fit avec elle le voyage de Paris pour les déjouer.

— Une madame Bouvard qui n'était pas vous! dit Cousinot s'adressant à madame Lambert; mais quelle est donc cette femme ?

Lambert était si loin de deviner la vérité, que ces paroles restèrent pour lui incomprises. Quant à sa femme, épouvantée de la révélation qui lui parut inévitable, elle changea de couleur et fut obligée de s'asseoir, car elle sentait ses jambes prêtes à manquer sous elle.

— Eh bien ! parlerez-vous, continua Cousinot en s'approchant d'elle, et comme il la voyait prête à défaillir, il la secoua rudement par le bras.

— Cousinot, fit Lambert, un peu d'égard pour les dames ! celle-ci est la mienne.

— Oui, une belle acquisition que vous avez faite là, répondit le diplomate en se mettant à arpenter l'appartement, comme un homme qui se consulte sur un parti à prendre.

— Mais, saprebleu ! elle est tout à fait pâmée, s'écria le capitaine, et vous feriez bien mieux de la secourir que de m'insulter en sa personne. En même temps, s'agenouillant auprès de la coupable, il lui frappait dans les mains afin de la faire revenir.

— Eh ! malheureuse dupe, laissez là cette femme, fit Cousinot ne se contenant plus;

vous parliez de madame Bouvard, vous l'avez devant vous.

— Qui? ma femme! s'écria Lambert avec l'effroi d'un homme qu'on avertirait qu'il a dans sa poche un scorpion.

— Hélas! oui, et selon toute apparence elle ne l'est devenue que pour vous dérober les papiers.

— Mais vous êtes bien sûr que c'est là madame Bouvard? demanda une seconde fois Lambert que la profondeur de cette intrigue laissait encore incrédule.

— Vous me demandez ça à moi, repartit Cousinot d'un ton significatif, si j'en suis bien sûr? moi?

Le pauvre Lambert baissa la tête sous cet argument, le plus cruel que l'on pût employer pour le convaincre; puis, ému par un reste de pitié, qui, nonobstant l'axiome célèbre formulé en chanson, était peut-être aussi un reste d'amour : — On ne peut cependant la laisser sans secours, se prit-il à dire, et il sonna la femme de chambre, à laquelle il donna ordre de prendre soin de sa maîtresse ; après quoi il passa au jardin, suivi de Cousinot, pour tâcher de démêler avec lui tout le détail de l'intrigue dont ils avaient été victimes, sauf à compléter l'instruction de l'affaire par les aveux que l'on demanderait à la coupable lorsque son état permettrait qu'on l'interrogeât.

Il ne fallut à Cousinot qu'entendre le récit de tous les incidents dont la vie de Lambert avait été remplie, depuis le moment où lui était parvenu l'insidieux avis de la baronne, pour comprendre qu'une vaste intrigue, dont le mariage de son malheureux ami n'était qu'une épisode, avait été ourdie par madame de Chabourot, en vue de s'approprier les titres précieux dont il déplorait la perte.

Restait maintenant à savoir pour la direction ultérieure qu'il devait donner à ses démarches jusqu'à quel point le complot avait réussi, les paroles de madame Bouvard quand elle lui avait dit : *ce que vous cherchez ne se trouvera pas là,* impliquant l'idée que les papiers déplacés de leur gîte n'avaient pas été détruits et qu'on pourrait les retrouver.

Dans cette pensée, il demanda à entretenir madame Lambert qui devait avoir repris ses sens ; mais le capitaine lui fit remarquer que, selon toute apparence, elle serait plus disposée à dire la vérité si lui, son mari, l'interrogeait en tête à tête : donnant les mains à ce mode de procéder, le diplomate engagea son malheureux ami à user plutôt d'adresse que de violence, pour faire parler la dépositaire de tout le secret qu'il s'agissait de pénétrer ; c'est dans ce sens que Lambert promit de diriger la conversation.

Placée en présence d'un homme dont elle avait tant de raison de redouter la colère, l'ex-madame Bouvard se donna à tout le moins le mérite de la franchise, et en essayant de faire reconnaître à son profit des circonstances atténuantes, elle avoua toute la part qu'elle avait eue au rapt des papiers qu'elle déclara avoir laissés entre les mains de madame de Chabourot.

Dans l'intérêt de Cousinot et dans celui de sa responsabilité si fortement engagée, le capitaine pensait surtout pour le moment à obtenir ce renseignement. Aussitôt donc que cette lumière lui eut été donnée, il retourna vers son ami, et lui racontant tout ce qu'il venait d'apprendre, se mit à sa disposition pour toutes les mesures qu'il croirait devoir prendre. Toutefois, comme madame Lambert, en ne cachant rien de la vérité, n'avait pu lui dire les choses autrement qu'elle ne les savait, Lambert, mal édifié sur le contenu des papiers qui avaient été soustraits, crut devoir faire une petite morale à son ami touchant sa dureté à vouloir se servir contre une mère d'une correspondance dérobée à l'inexpérience de sa fille, et jeta ainsi un blâme indirect sur sa conduite.

Déjà fort mal disposé, en recevant, comme il l'avait craint, l'assurance que madame de Chabourot s'était emparée des titres qu'il avait mis tant de sollicitude à lui dérober, Cousinot s'offensa de l'espèce de leçon que lui donnait Lambert, et il lui répondit, qu'un homme assez simple pour épouser le reste de tout le monde, devait l'être assez aussi pour croire tout ce que sa vertueuse compagne voudrait lui conter. On comprend la douloureuse irritation de Lambert en entendant ces dures paroles ; et tout en essayant de conserver son sang-froid, il ne put s'empêcher de répondre avec un peu d'aigreur. De son côté, Cousinot mit de l'emportement à soutenir que le capitaine, auquel il expliqua le caractère véritable du dépôt confié à ses soins, n'avait pas apporté à sa conservation le dévouement qu'on devait attendre de lui. Enfin, de vivacités en vivacités, les choses allèrent au point que Lambert se crut dans la nécessité d'offrir à son ami de lui rendre raison du dommage qu'il lui avait causé. A quoi Cousinot répondit qu'il avait pour le moment autre chose à faire que de se battre; mais que les intérêts par lesquels il était sans retard rappelé à Paris, une fois réglés, on pourrait reparler de cette proposition; et presque aussitôt, malgré les humbles efforts qu'au dernier moment fit Lambert pour le calmer et le retenir, il remonta en voiture et prit de nouveau la route de Paris.

XX.

Ce ne fut qu'après le départ de Cousinot que le capitaine comprit bien l'horreur de sa position.

Dans l'affreuse révélation qui venait de s'abattre sur sa vie, se rencontrait comme un résumé fatal de toutes les tortures auxquelles une âme humaine peut tomber en proie. Blessé dans toutes ses affections et dans tous ses sentiments, méconnu par l'amitié, indignement joué par l'amour, s'exagérant, pour se le reprocher, le dommage qu'il avait involontairement porté aux intérêts de Cousinot, froissé dans son amour-propre et par le sentiment de la naïve crédulité qu'il avait apportée à se laisser duper d'une manière infâme et par celui de l'indigne accointance à laquelle son nom et son existence, jusque là honorés et sans tache, se trouvaient désormais accolés, il était affreusement à plaindre dans le présent et n'avait pour l'avenir que la perspective d'une union inquiète et troublée, l'estime et la confiance, ces deux indispensables éléments du bonheur de toute association, étant désormais bannis de son ménage. Pour comble de malheur, il se surprenait comme un lâche disposition à aimer encore dans le mépris, dominé peut-être qu'il était par la plus ignoble des incitations, à savoir, cette fascination magnétique et incomprise qu'exercent parfois les mérites charnels de certaines femmes, et qu'on pourrait appeler la reconnaissance des sens : ainsi donc, après avoir, pendant vingt-cinq ans de sa vie, été comme un parangon de la douleur physique, il devenait aujourd'hui un modèle parfait et accompli de la souffrance morale ; fut-il donc bien inexcusable, sous le coup de cette destinée, de s'être laissé entraîner au désespoir et d'avoir maudit le jour où il était né ?

En entendant la voiture de Cousinot s'éloigner, madame Lambert avait repris quelque courage, car il lui semblait que, hors de la présence de cet homme, l'influence assez profonde qu'elle sentait bien avoir prise sur son mari, pourrait agir plus à l'aise, et si elle parvenait à lui dérober son pardon, au fond la journée aurait été bonne pour elle, puisqu'au prix d'une courte agitation elle aurait délivré sa vie d'une sollicitude dont elle ne devait pas espérer d'être libérée prochainement. Dans cette espérance, elle quitta son appartement et chercha le capitaine avec le dessein bien formé de l'enlacer de toutes les plus enivrantes séductions de son repentir et de ses charmes ; mais on lui dit que, peu après le départ de son hôte, Lambert était sorti, ce qui lui parut étrange, la nuit déjà tombant et l'heure de leur dîner étant passée depuis quelque temps.

Un intervalle assez long s'étant écoulé sans qu'on le vît revenir, la chère dame commença de s'inquiéter, se demandant s'il ne serait pas parti avec Cousinot, et s'il n'aurait pas formé quelque dessein violent, comme celui de la quitter. Dans son anxiété elle ouvrit plusieurs fois les fenêtres de la maison, qui donnaient sur la rue et descendit même sur le pas de la porte pour voir s'il ne revenait point, mais personne à la nuit noire ne passant dans ce quartier isolé, elle n'entendit que le souffle du vent à travers une pluie assez forte qui s'était mise à tomber après le coucher du soleil, et dont le bruit monotone se mêlait au murmure de la *Seine* clapotant dans le lointain.

Comme elle prêtait l'oreille à ce bruissement de l'eau qui, au sein des ténèbres, prend un caractère si marqué de mélancolie, une crainte funeste lui traversa l'esprit, et l'idée que Lambert eût pu attenter à ses jours, se présenta à son imagination, mais un peu après elle fut détournée de cette sombre visée ; car les pas d'une personne qui semblait se diriger de son côté commencèrent à retentir dans le silence, et bientôt après elle reconnut, à ne pas s'y méprendre, l'allure accoutumée du capitaine. Comme il fut près de la porte et qu'il eut vu sa femme qui guettait sa venue :

— Que faites-vous là ? lui dit-il d'un ton brusque.

— Vous le voyez, répondit-elle en prenant sa voix la plus caressante, je vous attends.

— Je ne suis pas perdu, reprit-il alors, et vous prenez trop de souci ; puis, sans autre parole, il pénétra dans la maison et entra dans la salle que nous connaissons déjà et où le dîner l'attendait. Sa femme l'y suivit.

Elle remarqua que son visage était fort pâle et que ses habits étaient trempés ; ce qui laissait croire qu'il avait fait une longue course.

— Ne voulez-vous pas changer, lui dit-elle alors, avant de vous mettre à table !

— Je n'ai pas faim, répondit-il, et vous pouvez manger, si bon vous semble. En même temps il ordonna à son domestique de lui apporter une redingote, et quoique la pluie eût pénétré jusqu'à son linge, il ne voulut rien faire que substituer ce vêtement à celui qu'il quittait et qui dégoûtait l'eau ; après quoi, s'asseyant devant l'âtre, il ne parut plus faire attention à ce qui se passait dans l'appartement.

Madame Lambert ordonna alors à voix basse de desservir; puis, quand les domestiques furent sortis, elle s'approcha de son mari et se mettant à genoux auprès de lui :

— Vous m'en voulez toujours bien, Monsieur? lui dit-elle.

Le capitaine tourna la tête vers elle, la regarda d'un air sombre, et haussant les épaules : — Ne jouez donc pas la comédie, lui dit-il.

A ce mot qui, dans leur situation respective, avait plus de sens et de portée qu'il n'en a d'ordinaire, madame Lambert se releva, et alla s'asseoir en un coin de la pièce, où elle se mit à sangloter fort douloureusement.

Un peu après, Lambert sonna un domestique auquel il demanda une bouteille de rhum et sa pipe. S'occupant alors de fumer et de boire, il ne parla à sa femme que pour lui dire : Vous feriez aussi bien d'aller dans votre appartement passer votre grande douleur à laquelle je ne comprends pas grand' chose, car enfin je ne vous dis rien.

— Ah ! Monsieur, répondit la pauvre femme, vous avez un air si dur avec moi et vous paraissez tant m'en vouloir !

— Du tout, reprit Lambert, je ne vous en veux pas; vous avez fait votre métier de femme et c'est moi qui ai été un sot; mais, je vous l'avoue, j'aimerais autant être seul ;

et, si vous tenez à rester dans cette pièce, je vais me retirer dans ma chambre...

— Restez, Monsieur, je vous cède la place, dit madame Lambert en se levant, et elle sortit en mettant son mouchoir sur son visage, comme on fait volontiers dans les grandes douleurs de théâtre.

Aussitôt que Lambert l'eut ainsi éloignée, il se mit à se promener à grands pas, paraissant de plus en plus livré à la domination de ses tristes idées, et il passa bien ainsi une bonne heure se parlant quelquefois tout haut à lui-même, s'asseyant, recommençant à marcher, changeant à tout moment de place, en proie en un mot à une agitation extérieure qui marquait bien celle de son âme.

Sur les dix heures il sonna pour demander du papier et des plumes, en même temps il ordonna au domestique de remettre du bois sur le feu, puis il lui dit qu'il pouvait se coucher, lui et les autres gens de la maison, et qu'il n'avait plus besoin de personne, qu'il avait plusieurs lettres à écrire et désirait n'être point dérangé.

Cependant madame Lambert, retirée dans sa chambre, était de son côté en proie à une anxiété assez vive, et par intervalles elle s'informait de ce que faisait son mari ; elle s'était attendue à des explications, à des reproches animés, à des violences même, et se sentait assez bien préparée à une lutte de cette espèce ; mais ce ressentiment froid et tranquille cette douleur, silencieuse et solitaire la prenaient complètement au dépourvu et la remplissaient d'une vague terreur. Elle s'inquiéta surtout quand on lui dit que son mari avait parlé d'écrire une partie de la nuit, et avait ordonné aux gens de se retirer. Un bouillon qu'elle s'était fait apporter un moment avant, se refroidit sans qu'elle eût plus envie d'y toucher, il n'y avait pas jusqu'au visage cuivré de sa femme de chambre qui lui donnait de terribles souvenirs de l'opéra d'*Othello*, et elle entendait avec effroi les notes plaintives de la romance du *Saule* retentir à son oreille.

Quand les derniers bruits de la maison eurent achevé de s'eteindre, qu'elle eut entendu les domestiques fermant les volets, donnant le tour de clé aux portes, puis gagnant les combles où étaient situées leurs chambres dans lesquelles bientôt rien ne remua plus, elle fut épouvantée de ce silence qui régnait autour d'elle, et pensa sérieusement au moyen de s'échapper de cette demeure, sur laquelle il lui semblait que planait une atmosphère de mort; mais, calculant bientôt qu'elle ne pourrait essayer de fuir sans éveiller l'attention de son mari, de manière peut-être à précipiter la catastrophe, elle se contenta de verrouiller sa porte, et, se jetant sur son lit tout habillée, attendit avec angoisse la suite des évènements de cette triste nuit.

Il pouvait être deux heures et demie, elle avait cédé un instant à ce lourd assoupissement dans lequel l'âme garde encore l'empreinte de la pensée douloureuse au milieu de laquelle les sens ont succombé au sommeil, quand elle fut tout à coup réveillée par le bruit sourd que faisait Lambert en montant discrètement l'escalier.

Pour le coup elle pensa qu'elle touchait à sa dernière heure, son cœur commença de battre avec violence, sa respiration devint haletante, et ce fut à grand'peine qu'elle trouva la force de descendre de son lit afin d'être en mesure d'appeler du secours et de faire quelque résistance, si le meurtrier parvenait à pénétrer jusqu'à elle.

Cependant Lambert était arrivé jusque sur le palier et au lieu de s'attaquer à la porte de la chambre où sa présence était si fort redoutée, il passa outre et entra dans une pièce voisine où sa femme l'entendit, comme on dit en termes de ménage, *farfouiller* pendant quelque temps.

Au bout de quelques minutes il revint sur ses pas; cette fois il parut que le danger devenait plus imminent, car il s'arrêta durant un moment devant l'appartement dont on le soupçonnait de vouloir forcer l'entrée ; mais bientôt après il continua sa route, redescendit les degrés et referma sur lui la porte de la salle où il avait veillé jusqu'à ce moment.

Un bon quart d'heure s'écoula encore sans que madame Lambert, qui s'était un peu rassurée, recueillit aucun bruit, mais après cet intervalle, elle entendit son mari qui sortait de nouveau; seulement, au lieu de se diriger du côté de l'escalier, il entra dans la cuisine, où il demeura un moment, traversa ensuite un corridor qui donnait sur le jardin et ouvrit la porte avec précaution.

Curieuse de connaître quel pouvait être son dessein, madame Lambert s'approcha de sa fenêtre, et alors elle aperçut le capitaine, une lanterne à la main, faisant le tour de la pièce de gazon qui s'étendait devant la maison, puis s'enfonçant dans une allée du bois où elle le perdit un moment de vue; mais, comme les arbres étaient encore mal garnis de feuilles, elle continuait d'apercevoir la lumière de la lanterne jetant de loin en loin ses rayons dans l'épaisseur du branchage, et quoiqu'elle n'eût plus, ce semble, à s'épouvanter pour elle-même, ces lueurs qui lui arrivaient à travers l'espace lui parurent avoir quelque chose de sinistre, et son esprit fut tourmenté par de lugubres pressentiments.

A la fin cependant, ces scintillements de plus en plus lointains s'étant tout à coup évanouis au sein de la nuit, elle trouva ces ténèbres plus effrayantes encore, et elle se mit en devoir d'ouvrir la fenêtre pour écouter si elle ne percevrait pas quelque bruit ; au moment même où l'espagnolette tournait sous sa main, une explosion se fit entendre et retentit fortement au milieu du silence. Ne doutant pas qu'un malheur ne fût arrivé, elle s'empressa de tirer le cordon des sonnettes qui répondaient aux chambres de domestiques, et en un moment toute la maison fut sur pied. Accompagnée alors de toute la domesticité à laquelle elle avait dit ses craintes, elle se dirigea du côté où il lui sembla qu'on avait tiré, et étant arrivée jusqu'auprès de la serre, elle vit la lumière du fallot qui brillait à travers le vitrage; mais, n'osant pas aller plus loin, elle dit au domestique d'entrer et de voir ce que son maître faisait.

Ce homme ne fut qu'un moment; il ressortit en poussant un grand cri et disant que le capitaine s'était tiré un coup de pistolet.

Tous ensemble pénétrèrent alors jusqu'à la place où venait d'être commis le suicide, et ils trouvèrent Lambert étendu sur le dos et ne donnant plus aucun signe de vie.

Le domestique fut aussitôt dépêché pour chercher un médecin, et, avec plus de courage qu'on ne lui en aurait cru, la veuve, aidée des deux femmes qui étaient restées avec elle, essaya d'étancher le sang et de donner quelques soins au malheureux.

Le médecin n'ayant pas tardé à arriver, il déclara que tout était fini et qu'il n'y avait aucun espoir de le rappeler à la vie. Madame Lambert voulait qu'on le transportât dans la maison, mais le docteur, y ayant eu morte violente, dit qu'il fallait attendre l'arrivée du magistrat, et, sur ses instances, la veuve se retira dans son appartement, où, à peine arrivée, elle fut saisie d'une violente attaque de nerfs.

Le reste de la nuit se passa à dresser le procès-verbal de la mort qui, de l'avis du médecin, fut reconnue volontaire; d'ailleurs, les lettres qu'avait laissées Lambert et qui se trouvaient sur la table de la pièce où il avait veillé jusqu'au moment de son suicide, ne laissèrent aucun doute sur le caractère qui devait être attribué à cette catastrophe. L'une de ces lettres était adressée à cet adjoint de la mairie avec lequel, antérieurement à son mariage, Lambert avait habitué de faire société, l'autre était pour Cousinot; on trouvera ci-dessous la teneur de l'une et de l'autre.

Il ne s'en trouvait aucune à l'adresse de celle qui avait été la cause de ce malheur.

XXI ET DERNIER.

« Mon cher et digne ami, disait Lambert
« au magistrat municipal, vos conseils étaient
« des meilleurs ; pourquoi ne les ai-je pas
« suivis ? Je ne serais pas où j'en suis. Puis-
« que la chose pour laquelle je me trouve

« obligé aujourd'hui d'honneur à quitter ce
« monde, a été cause qu'il y a eu entre nous
« du refroidissement, c'est bien le moins
« que je vous avoue le tort que j'ai eu de ne
« pas écouter vos avis qui m'auraient sauvé,
« et que je vous fasse mes excuses pour
« avoir si mal reconnu votre amitié en me
« brouillant avec vous relativement aux vé-
« rités que vous m'avez dites. Pardonnez-
« moi, mon cher et digne ami, comme on
« doit toujours le faire avec un mourant, et
« croyez à ce dernier moment au renouvel-
« lement de l'affection que je n'ai jamais
« cessé, au fond, d'avoir pour vous, et dont
« je désire ici vous donner une preuve,

« Votre sincère et dévoué,

« Joseph LAMBERT. »

La lettre écrite pour Cousinot était beaucoup plus ample ; elle était ainsi conçue :

« Mon cher Cousinot, dans l'extrême em-
« barras où je me trouvais pour réparer le tort
« bien involontaire que je vous ai causé, je
« vous avais proposé de me battre avec
« vous ; mais je réfléchis que c'est là une
« assez mauvaise façon d'arranger entre
« nous les affaires, et j'ai pensé que je serais
« plus sûr d'être traité comme ma bêtise le
« mérite, en me chargeant moi-même du
« soin de m'expédier.

« D'ailleurs un médecin ne se bat pas
« avec ses malades, et après la belle cure
« que vous aviez faite en ma personne, vous
« auriez eu trop de désagrément à détruire
« votre ouvrage. Avec ça que ce n'est pas
« seulement à cause de mes torts envers
« vous que je prends ce parti, car je vous
« avouerai que la honte d'avoir été aussi
« affreusement dupe me pousse à sortir de
« ce monde, où il me semble que les enfants

« de sept ans se moqueraient maintenant de
« moi. Ainsi donc, je fais aussi la chose un
« peu pour moi.

« Maintenant, si vous voulez que je vous
« parle avec une certaine franchise qui ne
« me paraît pas très déplacée dans la bouche
« d'un homme qui va mourir, je trouve que
« vous n'avez pas eu une bonne inspiration
« de vous embarquer dans l'affaire où je me
« trouve payer pour tout le monde, et que
« vous avez eu de meilleures idées dans votre
« vie.

« Sans doute, ces C... sont de la canaille,
« et il serait à désirer qu'on en fît un bon
« exemple, mais c'était à la justice à s'en
« mêler, et non à un particulier qui, ayant
« plutôt son intérêt en vue que celui de la
« punition des coupables, n'est pas assez pur
« dans ses démarches. Si vous m'aviez tout
« confié dès le commencement, je vous au-

« rais dit cela, et nous n'en serions pas où
« nous en sommes. L'amitié même que j'a-
« vais pour vous n'excuse pas la facilité que
« j'ai mise à m'immiscer dans une chose qui
« n'était pas absolument bien, aussi j'en
« paie la peine. Tant pis pour moi.

« Quant à vous, qui m'avez toujours paru
« un honnête homme, vous avez encore le
« moyen de retourner en arrière, et vous
« le ferez si vous m'en croyez; vous aban-
« donnerez ces gens-là à leurs remords et à
« la justice de Dieu, qui est un peu plus dés-
« intéressée que la vôtre, en ce qu'il ne veut
« pas épouser leur fille, et vous ne vous jet-
« terez pas, en vous mêlant de raconter tout
« ce qui s'est passé, dans de nouveaux em-
« barras.

« Rappelez-vous qu'à la première bataille
« vous avez perdu votre meilleur ami; à la
« seconde, voyez-vous, vous pourriez perdre

« votre réputation ; car enfin , quand vous
« auriez encore en main les preuves que vous
« n'avez plus, et que vous prouveriez que
« les C... sont des voleurs, vous qui auriez
« voulu devenir leur gendre et avoir part au
« gâteau, croiriez-vous que vous seriez bien
« vu du public? On dirait : C'est des paysans
« qui se battent contre des gens de la cam-
« pagne, et on ne ferait pas grande diffé-
« rence entre vos adversaires et vous ; ainsi,
« assez causé et restez-en là.

« Vous avez des talents avec lesquels vous
« pouvez vous passer de la protection des
« grands ; d'ailleurs la fille est mariée, vous
« ne pouvez faire casser le mariage, et puis
« croyez-vous que ces gens ne se défen-
« draient pas? Ils sont adroits, ils vous l'ont
« prouvé; on n'est jamais sali que par la
« boue, et ils trouveraient bien moyen de
« vous en jeter. Pensez qu'ils sont puissants
« et que vous n'êtes rien.

« Vous me direz : mais le plaisir de la
« vengeance. Certes ! moi aussi j'aurais pu
« me venger de cette créature qui est venue
« abuser de tous mes sentiments ; eh bien !
« je ne me venge pas, je préfère m'en
« aller, parce que l'homme est si faible
« qu'on ne peut jurer que je ne lui aurais
« pas pardonné un jour. Elle a été forcée,
« me serais-je dit ; on a abusé de sa fai-
« blesse, on l'a séduite par des présents,
« enfin tous les raisonnements que se fait un
« homme pour retourner à son vomisse-
« ment ; et, parce qu'elle dit quelque chose
« à mes sens, j'aurais eu la bassesse de con-
« tinuer à vivre avec *ce reste de tout le monde*,
« comme vous l'avez si bien dit, il fallait se
« garer de cela ; j'ai donc dit comme la
« vieille garde : Je meurs et ne me rends
« pas !

« Voilà mes idées sur toute cette affaire.

« Pour vous aider à vous passer de tout le
« monde, j'aurais voulu vous laisser tout
« mon bien, j'en ai bêtement disposé par le
« contrat de mon beau mariage ; mais vous
« trouverez ci-joint mes dispositions pour
« que vous profitiez d'une petite somme que
« j'avais mise de côté pour vous. Vous ne me
« refuserez pas, n'est-ce pas, Cousinot?

« Maintenant tout est en ordre, j'élève
« mon âme vers Dieu, et comme j'ai fait
« assez mon purgatoire dans ce monde,
« j'espère qu'il me pardonnera d'aller à lui
« un peu avant qu'il ne m'appelle. Peut-être
« que si j'avais eu un peu plus de religion,
« je ne ferais pas ce que je vais faire, mais
« je suis un enfant de la révolution auquel
« on n'a pas même appris le catéchisme; je
« me suis battu pour mon pays, j'ai tâché
« de marcher toujours dans la voie de l'hon-
« neur et n'ai pas eu beaucoup de bon
« temps ; ainsi, j'ai confiance en la miséri-

« corde du Très-Haut, et je persiste dans
« mon idée que j'ai arrêtée, en me prome-
« nant toute la soirée sur le bord de la Seine,
« du côté de l'île des Cordeliers, endroit que
« j'ai toujours affectionné.

« Voilà beaucoup de bavardage, mais il
« faut finir. Je me suis donné jusqu'à trois
« heures, il en est deux et demie; je vais
« aller chercher mes pistolets, les charger en
« douceur, de peur que le coup ne dévie;
« puis je me rendrai dans ma serre auprès
« de mes fleurs, les seuls amis que j'aie tou-
« jours trouvés les mêmes; et je serai là de-
« main matin au milieu d'elles, comme celle
« qu'un grand coup de vent aurait brisée.
« Ainsi, adieu, mon cher Cousinot, et pensez
« quelquefois à celui qui espère bien vous
« revoir là-haut. Adieu... adieu !

« Votre ami, JOSEPH LAMBERT.

« Capitaine, on pourra le dire tout à
« l'heure, doublement retraité. »

Quand Cousinot reçut cette lettre, deux jours après la catastrophe, elle lui donna beaucoup à réfléchir ; car, malgré l'insuffisance du style, elle appréciait avec un grand bon sens sa position, et il se demanda si, n'ayant plus aucune preuve dans la main, et ayant affaire à si forte partie que s'était toujours montrée madame de Chabourot, il pouvait prudemment entamer avec elle une lutte judiciaire. Il faut considérer en outre qu'ayant été profondément touché de la mort de Lambert, sentant qu'il avait pour une bonne part à se la reprocher, il se fit une sorte de devoir d'accomplir ce qui pouvait être regardé comme la volonté dernière de son ami, en sorte qu'après être arrivé de Mantes avec le dessein de faire un des plus grands scandales qui se pût imaginer et avoir entamé quelques démarches, il enraya beaucoup sur cette idée, et finit par y renoncer ou peu s'en faut.

Mais, vont s'écrier mes lecteurs, votre histoire est affreusement immorale : le crime y triomphe, et la vertu y est sacrifiée. Nous croyons, nous, au contraire, que notre histoire est des plus morales, et voilà comment nous le prouvons.

D'abord, bien que la baronne de Chabourot finisse par l'emporter sur son adversaire, nous croyons que peu de gens seront tentés de marcher sur ses traces, et les cruelles humiliations par lesquelles il lui a fallu passer; les peines infinies que nous l'avons vue se donner pour sauver son honneur et la considération de sa famille ; les terreurs et les déceptions sans cesse renaissantes au milieu desquelles elle a marché, nous paraissent une leçon assez concluante, et dont il y a bien un peu à profiter.

De dire ensuite qu'il y ait du danger à constater que l'habileté, le crédit, la fortune, peuvent faire prospérer l'improbité et l'injustice ; c'est là vraiment se moquer. Est-ce que cette vérité, toute désolante qu'elle soit, ne frappe pas les yeux chaque jour ? est-ce que le fréquent succès du méchant n'est pas un fait vieux comme le monde et acquis irrévocablement au procès que les moralistes ont de tout temps fait à l'humanité, et y aurait-il un si grand péril à accepter pour une nécessité de cette vie, sauf à en appeler à l'autre, ce scandale passé en force de chose jugée ?

Mais, dans tous les cas, l'enseignement à déduire de notre histoire n'est pas la commodité qui se trouve, pour certaines positions privilégiées, à accomplir le mal ; car, si madame de Chabourot l'emporte, Lambert y périt ; et c'est là qu'est notre moralité.

Nous ne disons pas que nous avons voulu prouver, ceci serait contraire à notre théorie du roman, qui, selon nous, a plutôt la mission d'amuser que celle d'instruire; mais nous disons que, fortuitement si l'on veut, notre narration prouve : que quand, seulement par imprudence, par légèreté, même par dévouement à nos amis, ce qui est pourtant un honorable mobile, nous nous laissons entraîner à mettre seulement le bout du doigt dans l'engrenage de la grande roue du mal, nous sommes exposés à y être broyés tout entiers. C'est ce qui, précisément, arrive au capitaine Lambert, qu'à cette considération nous avons élevé à la dignité de héros publiquement déclaré de cette histoire.

Comme il le remarque lui-même avec un parfait bon sens, pour s'être trop peu sérieusement occupé du singulier service que lui demandait Cousinot; pour avoir, par l'entraînement de son amitié et de sa reconnaissance, trop lestement consenti à se faire le complice d'une exaction qui, bien que pratiquée sur des méchants, n'en était pas moins une exaction ; il a vu son repos troublé ; a été amené, selon l'énergique expression de l'aide-major, à épouser le reste de tout le monde, et s'est jeté, en fin de cause, dans un abyrinthe si inextricable qu'il n'a plus vu, pour en sortir, que la grande porte de l'éternité. Voilà, ce nous semble, une vérité bonne à établir ; une vérité utile à mettre en relief, parce qu'elle est fine, tenue, déliée, et que les consciences un peu grossièrement constituées ne l'apercevraient peut-être pas d'elles-mêmes, si on ne prenait pas la peine de la leur démontrer. Ainsi donc : pour qui peut vivre en paix et faire une bonne fin, la nécessité de la probité exacte, absolue, poussée jusqu'à la plus fine fleur de la délicatesse ; voilà notre moralité ; la seule que nous reconnaissions comme dépendance et appartenance de notre recit ; la seule à laquelle nous apposions notre chiffre, que nous revêtions de notre signature, et dont nous déclarions vouloir poursuivre les contrefacteurs, *selon toute la rigueur des lois.*

Pour en revenir à nos personnages, dont on ne nous pardonnerait pas de ne point faire connaître la destinée individuelle, nous dirons que dans le temps où Cousinot hésitait encore sur la marche à suivre avec les Chabourot, il reçut une proposition de prendre du service dans l'armée du pacha d'Egypte, qui, dès cette époque, attirait à lui les Européens. La position dont il s'agissait était aussi honorable que lucrative, seulement il fallait l'accepter sans hésitation, et partir sur-le-champ : voyant là un moyen de se distraire de ses chagrins et de ses mécomptes, Cousinot rompit avec toute pensée de vengeance, et se décida à passer dans le pays des Pyramides, du haut desquelles il fut bientôt loisible à *quarante siècles de le contempler.*

Aussi heureuse dans son mariage qu'on peut l'être avec une ancienne blessure au cœur, madame de Freneuse vécut peu de temps; après dix-huit mois de ménage, elle mourut en mettant au monde une fille qui fit la consolation de son père et les délices de madame de Janvry.

Quant à madame Bouvard, presque aussitôt après la catastrophe, elle quitta Mantes, où elle ne pouvait plus se souffrir, et revint à Paris jouir de sa position de rentière. Par malheur, elle retrouva un ancien *jeune premier* de la troupe où elle avait tenu les rôles de *Dugazon*, lequel était devenu un très aimable *père noble*, et elle eut la faiblesse, en lui rendant le cœur qu'il avait possédé naguère, d'y ajouter le don de sa fortune et de sa main. En moins de deux ans Lambert fut vengé : car aux mains de ce nouvel époux, qui était l'un des *pontes* les plus distingués de son époque, l'aisance de sa femme eut bientôt *fui comme une ombre*, suivant la logique de sa vie, la malheureuse fut réduite, en fin de cause, à accepter une place d'ouvreuse de loges au théâtre des Folies-Dramatiques.

Fort peu de chose à dire de M. de Chabourot, que sa femme ne se hâta pas de rejoindre, et qui, après la révolution de 1830, donna sa démission, et rentra dans la vie privée.

Enfin, cette madame de Chabourot, dont on s'était trop empressé de nous reprocher la scandaleuse prospérité, eut bien à compter dès ce monde avec la justice divine; car une affreuse maladie s'empara d'elle, et elle mourut royalement, après d'atroces souffrances, comme Anne d'Autriche, mère de Louis XIV, d'un cancer au sein.

De fort honorables obsèques furent faites à Lambert, et le clergé de Mantes s'étant montré tolérant, quoique le fait du suicide fût à peu près public, le corps fut admis dans l'église sans difficulté, et l'on ne trouva pas dans ses funérailles l'occasion de scandale que les partis y avaient d'abord entrevue. Deux jours après, le *Mantois, Journal des intérêts de Seine-et-Oise,* contenait l'article suivant, qui fait le plus grand honneur à la sûreté des renseignements de son rédacteur.

« Encore un des vétérans de notre vieille
« armée qui vient de disparaître. Avant-hier,
« le capitaine Lambert, qui avait été décoré
« de la main de l'empereur à Montmirail,
« et qui s'était retiré dans notre arrondisse-
« ment, où il s'était fait connaître par l'éten-
« due de ses connaissances horticulturales,
« s'est tiré un coup de pistolet d'arçon au-
« quel il n'a pas survécu. Il paraît que d'af-
« freuses souffrances auxquelles il était con-

« stamment en proie par suite d'une bles-
« sure reçue au siége de Sarragosse, le
« mettaient souvent hors de lui, et c'est dans
« une de ces crises qu'il s'est porté à un acte
« de désespoir qui autrement n'aurait pas
« été explicable; car le capitaine Lambert
« venait d'épouser une jeune femme pleine
« d'esprit, de vertus et de grâces, qu'il ado-
« rait et qui lui avait apporté une très jolie
« fortune. Il faut dire aussi cependant que
« depuis quelques mois il avait été en butte
« aux persécutions de la police, et que ces
« tracasseries n'avaient pas peu contribué à
« aigrir son caractère, ayant été obligé, pen-
« dant toute une matinée, de défendre l'arme
« au poing l'entrée de son cabinet contre
« une escouade d'agents qui voulaient y pé-
« nétrer sans mandat légal. On craint pour
« les jours de sa jeune épouse, qui, depuis le
« moment de sa mort, n'a pas cessé de don-

« ner les signes du plus violent désespoir. »

Nous ne nous étonnerions pas que, cet article à la main, quelqu'un ne vînt essayer de nous prouver que cette histoire est toute d'invention et que nous avons été *généralement mal* informés.

FIN.

www.ingramcontent.com/pod-product-compliance
Lightning Source LLC
Chambersburg PA
CBHW060504170426
43199CB00011B/1322